# 老祖宗说游艺

苏翔 著

浙江古籍出版社

# 前言

夏天晚饭后，院子里，星空下，听爷爷摇着扇子讲过去的故事。蝉鸣声声，偶尔有蚊子叮咬两口，黑夜中，凉风吹来，也吹来那些陌生又熟悉的事情。陌生是因为我们从未经历过，熟悉是因为来自我们老去的或者逝去了很久很久的亲人。“天阶夜色凉如水，坐看牵牛织女星。”小时候我们用聆听爷爷辈的故事，仰望辽阔的星空，打发用不完的精力和无处释放的想象力。我们就在那一刻穿越时空，接触到了过去，体验着当下，又对未来无限向往。

每个人心里都有一块童年圣地，它供人们在那里安静地倾听，自由地想象。而编写这套“老祖宗说”也正是起源于这样的情怀。也许你是一个人倾听，也许是兄弟姐妹围坐在一起倾听，我希望亲爱的读者，你，在听爷爷讲故事的心境和氛围里来倾听我们共同的“老祖宗”，给你讲讲中国先人的那些事。也许首先你会觉得新鲜，然后觉得似曾相识，甚或发现我们的内心，找到自己依傍的信念、灵魂中回响着的祖先的声音。

为此，编者特请了六位对传统文化有深入了解的作者，从中国传统文化中挑选了六道大菜呈上，让“老祖宗”来说说中国古代的节令、饮食、游艺、礼仪、汉字和书法。“老祖宗”将借助历代典籍、诗歌、书画、文物等讲述我们先人的生活，也会提及那些“旧东西”在今天的变体。

万事都有自己的根源，不可能凭空而生。“老祖宗说”这套书，就是想带你追索我们共同的民族记忆，顺着凭我们自己难以寻觅的瓜藤，去摸一摸那只“古老的瓜”。那么，就搬来椅子、板凳甚至席地而坐，一起来听听“老祖宗”说了些什么吧！

# 序

在写稿期间，我出了一趟远门。

说是遥远，也并不完全确切，毕竟它坚忍的黑土地连同着大片大片的白桦林一直往南延伸，直至我们大兴安岭丛丛密密的树林下。当我的指尖触摸在这些斑驳干硬的树皮上时，我仿佛感知到了俄罗斯艺术的民族性。

在特列季亚科夫画廊里，在埃尔米塔什博物馆内，我的每一次转身，都在遇见往昔的历史与故事。伤感，无处不在；深邃，挥之不去。列宾、列维坦、克拉姆斯柯依、谢洛夫、库因芝等，我站在他们的画作跟前，总觉得有一种共同的特别的力量在其中，但当时我说不出来。回国后，我才醒悟过来，他们的绘画中贯通着一种根本性的力量——俄罗斯民族的气质。

但回到我的书房，我看到了中国传统艺术中同样有崇高价值的东西。我们的传统并非是当代人所看到的、所理解中的一盘散沙，甚至有一些文化被别国吸收过去，成为了他们的瑰宝。往东面的日本去了，往接壤的韩国去了，又或者往更远更远的欧洲去了。直至今日，韩国每年都举行着声势浩大的拔河比赛，并把拔河当作自己的瑰宝纳入到世界非物质文化遗产名录之中；还有日本的国技相扑运动，同样也是起源于中国的传统游艺。

尽管就是这样，我们也不能就此说中国人的基因里是缺少凝聚力的。对于每一个中国人来说，这些传统游艺或许早已从先人有意识的活动中转化成了一种集体无意识的内在自觉。艺术与游戏是血脉相承的。

当人类祖先在日常劳动之余时，他们有精神松弛的需要，这个时候，游戏就产生了。从原始社会的无功利性游戏到封建社会及之后的时代里，游戏渐渐添加进更多功利的元素。绘画、雕塑、舞蹈、诗歌这些艺术及其作品成为调节人们心灵的更多元的方式，也直至如今，这些被传承的游艺往往也具备艺术性。

我在对这三十种古代游艺进行整理的时候，再一次被中国文化艺术的博大精深所感动。如今世界化中的艺术作品，国人所知道的似乎总是“人家”的东西，凡·高、莫奈的，达·芬奇、毕加索的；但我们有多少的国人会为阎立本、苏汉臣、仇英、焦秉贞的画所折服呢？你很难说，我们没有世界级的“大师”，只是因为中国古代的经典都没有被“世界化”罢了。回头看一看陈洪绶的小画，即便是刻画在一枚小小叶子牌上的“小玩意”，也令后人无比赞叹。

反观当代，娱乐方式层出不穷，但为什么人们却总是抱怨收获不到童年最简单的快乐呢？越来越发达的游戏世界，却蒙蔽了你真正的幸福需求。在物质世界里，保持一颗简单的心，既是自省，也是最好的礼物。有些游艺与时代一同消逝了，有些游艺则以更接地气的形式被当代人所接受，而我们所能做的，就是不去忘记它们，让这些游艺能传承下去。

但愿每一位读者都能在书中有些许的收获，至少，不再让那些如今还完好保留着的游艺，在未知的以后被时代所遗忘、被世界化所吞噬。

苏　翔

2016年3月

# 目录

## 第一章 童趣与清趣

文雅翩翩任怀想



## 第二章 玩赏与怡悦

花开花落自风流

第三章 竞技与成败

云卷云舒一时代



第四章 桌游与逍遥

得失成败笑平生

走进中华传统文化

畅享华夏文明之旅

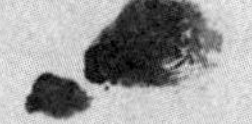

# 第一章

## 童趣与清趣

文雅翩翩任怀想

七巧板
拨浪鼓
诗钟
灯谜
风筝
灯谜
诗钟
竹马
七巧板
曲水流觞
竹马
风筝
酒牌
秋千

青门欲曙天，车马已喧阗。
禁柳摇风细，墙花拆露鲜。
向谁夸丽景，只是叹流年。
不得高飞便，回头望纸鸢。
——唐·罗隐《寒食日早出城东》

清代著名戏曲家李渔有一剧《风筝误》，说的是缘起风筝的两段情缘。詹烈侯有两个女儿，大小姐爱娟貌丑才浅，二小姐淑娟却美貌聪慧。近邻戚友先是个附庸风雅的顽劣子弟，他的义弟韩世勋却是个才学出众的文雅书生。清明时节，风筝飞漫天，戚友先请韩世勋题诗于风筝，不巧风筝断线，落入了詹家二小姐院子里。淑娟拾起风筝，回去后题小诗一首：

何处金声掷自天，投阶作意醒幽眠。
纸鸢只合飞云外，彩线何缘断日边？

风筝仿佛成了两人情谊的交结，含情脉脉都寄予在一只小小风筝上。韩世勋见后再题诗一首，没有料到竟误入大小姐爱娟手中，结果引来了爱娟的投怀送抱。爱娟误以为诗是戚友先所作，与戚友先约会之夜却又遭遇韩世勋冒名赴约的尴尬。不久戚友先成亲，花烛之夜红盖头下的竟然是丑陋骄横的爱娟，吵闹不休；而韩世勋科举高中娶妻，最终迎来了心上人淑娟……

一只风筝牵起两段情，花好月圆误打误撞、造化弄人。这真是“风筝有

误，错点了鸳鸯；月老有知，有情男女牵成双”。

风筝是我国古代劳动人民发明的，起源于春秋时期，至今已有两千多年的历史了。相传最早的风筝是墨翟以木头制成的木鸟，研制三年而成。后来鲁班用竹子改进墨翟的风筝材质。直至东汉期间，蔡伦改进造纸术后，坊间才开始以纸做风筝，称为“纸鸢”。

风筝是没有国界的。

阿富汗当代作家卡勒德·胡赛尼有一部畅销书《追风筝的人》，主人公哈桑因为家里穷买不起风筝，就在赛场上追逐那些被割断引线而掉落的风筝，成为追风筝的人；阿米尔则是奔跑在喀布尔的风筝斗士，以切断别人的风筝线为荣。这样的情景，在阿富汗就是全民性的游乐活动。回到宋代社会，人们也愿意为切断他人的风筝线而博彩欢呼，这该是人性的相通吧。

《西湖老人繁胜录》里有记载南宋临安热闹的景象：

> 城外有二十座瓦子……街市举放风筝轮车数椽，有极大者，多用朱红，或用黑漆，亦有用小轮车者，多是药线，前后赌赛输赢。输者顷折三二两线，每日如此。

市井百姓已然把放风筝这项亲近大自然的活动看作是可以赌赛的，也足以说明其全民性的特点了。风筝并不在于谁放得高、放得远，更在于谁能将对方的线切断。像南宋周密《武林旧事》中所列数的周三、吕偏头就是当时放风筝技艺最高的技艺人。当时，除了较量斗风筝的技艺，人们还专注于扎制风筝的工艺。临安城出现了一些

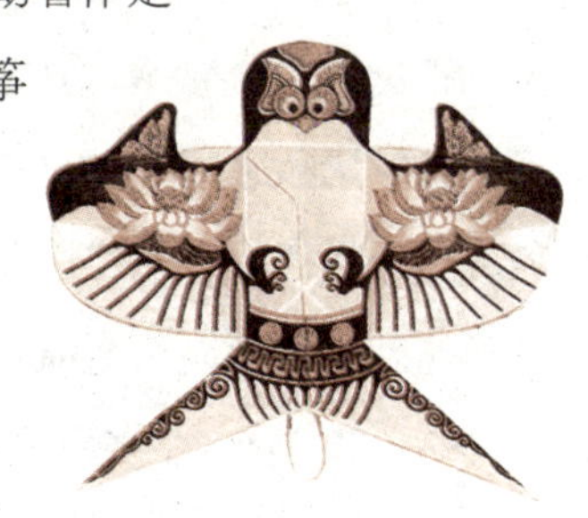

▲ 京燕风筝

以扎风筝、卖药线为生的手工业者。“药线”本是从烟火中而来，南宋时的烟火技术已经逐渐成熟，药线成了店铺里可以买卖的小商品，所以把药线当作风筝线也并不稀奇了。

然而，文化又是有国界的。

我们的古人不以捡到被“风筝斗士”切断线的风筝为己有视作一种荣耀，而将断线的风筝看作是不祥之物。《红楼梦》七十回里描写了一只风筝引来的故事：众人在对诗词，不料窗外坠下一只大蝴蝶风筝，宝玉一看便知道定是娇红姑娘的，催人赶紧送回去。而这时探春拼命阻止，她说风筝被人拾走了是忌讳，黛玉也笑说那掉落的风筝是放掉的晦气，于是大家都七手八脚地忙着把自个儿的美人风筝都放出去，以除掉晦气。

▲ 大蝴蝶风筝

《红楼梦》里又有这样的描写：元宵节的晚上，贾政与孩子们一起玩猜谜，元春、迎春、探春、惜春的谜底分别为爆竹、算盘、风筝、海灯，此时贾政便心中烦闷，甚至大有悲戚之状，因为这四样都是不祥之物。所以，人们选择在风起来的时节放风筝，是有把一年之中的晦气、灾难、郁闷、病祸都统统赶走的意思，与古时人们放爆竹、清明插柳也是为了驱邪避灾大体相似。

王健吾、金铁盦《风筝谱》记载：“西北各地，民多山居。每届立春之后，春风紧猛之时，每村辍于事前扎一巨大之风筝，其形长方，中间略有凸势，用巨绳百丈，携往山巅，数十人共放之。待风筝上升，愈放愈高，至群力不能胜时，则以刀断绳，任风筝摇曳而逝，名之曰放灾。谓如此则将合村之灾晦，放诸异地，通年可享太平矣。”直至现在也有许多地方在春天里用这样的方式“放郁”，祈祷全年都可以安享太平。每个村都制作一只巨型风筝，

众人用齐力断金的魄力，把风筝用尽可能长的线放飞，飞得越高，越是吉利，在风筝断线后，让它任意地飘摇。

也有的时候，风筝并不是自己飞断线的，而是人们有意将线割断，让其随风飘逝。风筝线被割断了，飞落到了寻常百姓家，这户人家就会被认为沾上了晦气，是一件不大吉利的事儿，仿佛要面临大灾大难。尤其是在南方，最忌讳的是板鹞这类的风筝，如果落入家中，就足以“肇生火灾”，所以被认为是极其不利的征兆。也有人形的风筝，就像从天而降一个真人，也因此被认为会是有家中人员伤亡的凶兆。但是虫鸟形状的风筝，就不在禁忌的名单中了。所以，放板鹞时就最忌讳断线或者摔落了。假使真有一天，板鹞不慎掉在别家的屋顶上，那风筝的主人就要赶快带上香烛、纸马、鱼、肉和老酒这些物品向房屋主人赔礼道歉，甚至得烧香磕头、祭拜过家堂菩萨才算完事。

尽管风筝有着令人忌讳的一面，然而也不能阻止人们“斗风筝”的乐趣。在娱乐活动最丰富的宋代，人们非常喜欢“斗风筝”的游戏。周密在《武林旧事·西湖游幸》中记载了当时临安的“斗风筝”情景：

> 桥上少年郎，竞纵纸鸢，以相勾引，相牵剪截，以线绝者为负，此虽小技，亦有专门。爆仗、起轮、走线之戏，多设于此，至花影暗而月华生，始渐散去。绛纱笼烛，车马争门，日以为常。张武子诗云：“帖帖平湖印晚天，踏歌游女锦相牵，都城半掩人争路，犹有胡琴落后船。”最能状此景。

南宋孝宗淳熙年间，临安首府一派繁盛的景象。西湖的桥上有一些少年在玩纸鸢，谁能割断对方的风筝线谁就是胜利一方。别看这割断对方线绳只是小事一桩，实际却并没有想象的容易，因风筝线容易缠绕，一旦缠绕在树

◀ 清·焦秉贞《百子团圆图》局部

上或是几只风筝缠绕在了一块儿，那就谁也不能赢了。甚至还有爆仗、起轮、走线这些表演来助阵，为放风筝增添格外的乐趣。所以当时的街市上还流行起了起轮、走线、流星、爆仗这些观赏性游戏，技艺人也被称为“赶趁人”，像周三和吕偏头，他们耍起风筝来，那是绝妙非凡，“盖耳目不暇给焉”！

现代人恐怕不会认为秋冬也是放风筝的好时节，气候的骤冷骤暖更容易让人们倾向于躲进更有安全感的室内，亲近大自然的户外活动也越来越成为奢侈。而在古时，放风筝的时节往往从当年的农历十月份一直延续到来年农历四月份的农闲季节。不过放风筝最好的还是在春风洋溢的四月里，肆意又开怀。

清明时节，本是人们表达对先人哀思的日子，而在时光的穿梭中，祭祀的意义悄然在发生改变，娱乐成为人们另一个关注的方面。纵情游乐的画面里，少不了“清明时节雨纷纷”以外的镜头——远足踏青、荡秋千、蹴鞠、插柳、曲水流觞等一系列民间的风俗。

从唐末诗人罗隐的《寒食日早出城东》一诗中也可以看出当时寒食清明放风筝风气之盛。

> 青门欲曙天，车马已喧阗。禁柳摇风细，墙花拆露鲜。
> 向谁夸丽景，只是叹流年。不得高飞便，回头望纸鸢。

清明时节，杨柳依依，花儿盛放，放风筝也是颇受欢迎的游戏了。

“纸鸢”是风筝，更是一种隐喻，诗人只愿能够像纸鸢一样飞往天际，超脱尘俗的倦厌，才可以找寻到“有根的生活”。生命的真谛便是如此，人都有其私欲的一面，但追求美与善的愿望却从未改变。放逐与流浪，倘若风筝就是自我的内心，那么回归心灵栖息之地便是最终的救赎。

▲ 清·王素《婴戏风鸢图》

放风筝的人与看风筝的人，他们情感的寄予与关注的视角常常是不同的。放风筝的人在制作风筝上花去了大量的心血，而看风筝的人往往用审美的眼光去欣赏风筝上的绘画与外形。《武林旧事》里有一栏“小经纪”，说的就是宋代临安城制作贩卖风筝的手工艺人，他们“每一事率数十人，各专藉以为衣食之地，皆他处之所无也”。说明市场经济一繁荣，各类文化也都能转化为商品。

然而就拿制作风筝来说吧，这确实绝非一件易事。一只完整的风筝制作过程总需要经过扎、糊、绘、放四个部分，俗称“风筝四艺”。其中最讲究的是“扎”和“绘”。扎制风筝时，通常选用最熟悉的材料来做，比如竹篾、藤条、芦苇秆这些，把轮廓按照预想好的形状搭建起来。明代诗人徐渭的《风鸢图诗》中有一首这样写道：“柳条搓线絮搓棉，搓够千寻放纸鸢。消得春风多少力，带将儿辈上青天。”一群天真可爱的孩子把柳条柳絮搓呀搓，搓成长长的线绳兴致勃勃地去放纸鸢。其实风筝线用的是细麻绳，当然是不可能用柳条柳絮搓成的。这只是孩童们的一种玩乐罢了，但经这番亲手制作的风筝才更添趣味。如今大多孩子不愿花费这些功夫而去商店购买现成的风筝，省心省力之余却少了成就感和从中感悟到的快乐。

风筝是讲究对称之美的，在构架造型的时候要做到不偏不倚才能飞得更高。至于绘画，那就归属于作者天马行空的创意了。古人喜爱选用花鸟虫鱼、飞禽走兽以及人物神话等祥瑞的主题，但是绘画艺术所表达的情感何止这些呢，它们能呈现作者内心丰富的喜乐悲苦。

风筝有各种不同的样式，最为著名的流派有潍坊风筝、北京风筝、

▲ 杨柳青年画《十美图放风筝》

天津风筝和南通风筝。说山东的潍坊风筝是鼻祖，也并不为过。潍坊风筝自宋代开始流行民间，明代时已极为普遍，清乾嘉年间盛行乡里。清代曾任潍县县令的“扬州八怪”之一郑板桥，在他的《怀潍县》一诗中，形象地描绘了清明时节潍坊一带放风筝的情景：

纸花如雪满天飞，娇女秋千打四围。
五色罗裙风摆动，好将蝴蝶斗春归。

风筝满天竞飞像雪片一样纷纷飘舞，少女们则在院子里荡秋千，衣裙飘飘，这就是春暖花开的美好画面。

现代人总是在不断的自我享受中失去了最本真的一面，大自然的恬淡清新需要人们不刻意地去感受。当我们走出家门，沐浴在明媚的阳光下，荡起秋千，放飞风筝，难道不正是一种对真实生命的最好体验吗？放下匆忙的一切，回归土壤的芬芳。享受春光，享受生命！

▲ 风筝邮票

滚风画幕长廊静，
帘下人眠初日永。
嘤嘤不动采花蜂，
夜来露重蔷薇冷。
芳草长时寒食天，
红墙低处见秋千。
人家无事鸡犬闲，
日暮芳郊留醉眠。

——宋·张耒《二月词》

在中国民俗节日里，寒食、清明、上巳是相伴相行出现的，甚至很多时候会将其相提并论而趋向于混同，最终寒食和上巳被并入了清明，使得清明节成为包容多种民俗内容的传统节日。北宋张择端画的《清明上河图》就把当时汴京（今河南开封）清明时的盛况展现得淋漓尽致，同时也让我们看到，宋时的清明除了扫墓踏青以外，还有射柳、拔河、蹴鞠、相扑、听书、看戏、斗鸡、放风筝、荡秋千等民俗活动。在如此众多的活动中，有一项尤其受女子欢迎的游戏，那就是荡秋千。

早在远古时代，我们的祖先为了谋生，需要借助藤条来回摇荡来摘果子或捕猎，这便是秋千最原始的雏形。后来的秋千多用树桠枝为两边支架，再悬起两绳，下拴踏板而成。传说秋千为春秋时期北方的山戎族所创。开始仅是一根绳子，双手抓绳而荡，用来练习身体的轻巧。后来，齐桓公北征山戎族，把“秋千”带入中原，因此渐渐吸引了中原的女子。那时少女们拿一些彩色的绳悬挂在木架上，使秋千可以随意摆荡起来。远远看去，穿上炫美服饰坐在秋千上的少女们，高高地摇荡，在

◀ 清·陈枚《月曼清游图·杨柳荡千》

空中划出的弧线，美丽无比。

秋千的古字均有“革”字旁，写为“鞦韆”，“千”字还带走之（“迁”古写为“遷”），意思是揪着皮绳而迁移，最早称之为“千秋”。唐高无际《汉武帝后庭秋千赋序》云：“秋千者，千秋也。汉武祈千秋之寿，故后宫多秋千之乐。”汉武帝时，宫中以“千秋”为祝寿之词，取“千秋万寿”之意。为了避讳，所以改“千秋”为“秋千”。

南朝梁宗懔《荆楚岁时记》记载：立春之日，“为施钩之戏，以緪作篾缆相罥，绵亘数里，鸣鼓牵之。又为打球、秋千之戏”。唐代徐坚《初学记》卷四中又将“打球”“秋千”二事置于“寒食”条目之下，也说明早期荡秋千是寒食节日中的一项传统活动。

如果说春秋时北方山戎人荡秋千是为了强健体格，宫廷荡秋千则是为了讨个好彩头，无论是源于哪种说法，荡秋千确确实实逐渐成为节令里盛行的游戏，以至于“每至寒食为之”。

魏晋至唐宋，荡秋千就已是在寒食清明前后一项必不可少的项目。寒食与上巳、清明前后连在一起，有了七天假期。在唐代时，朝廷明文规定寒食节必须禁火三日，具体日期是冬至后第一百零四天至一百零六天，这三天也俗称为大寒食、官寒食和小寒食。巧逢寒食节的第三天是

▲清·焦秉贞《仕女图》局部

清明节，所以寒食节往往也包含着清明节的某些习俗，比如，上坟祭奠祖先与已故亲人等等。但由于假期漫长，又是在初春烂漫之时，远郊踏青这些户外活动往往就成为人们游乐的内容了。“廊下御厨分冷食，殿前香骑逐飞球。千官尽醉犹教坐，百戏皆呈未放休。”唐代张籍《寒食内宴二首》的这几句诗就描写了寒食节热闹的景象。有时候，聚会游乐常常从白天一直持续到晚上，蹴鞠、斗鸡、放风筝、曲水流觞等娱乐活动与荡秋千一起盛行起来了。

五代王仁裕《开元天宝遗事》载：“天宝宫中至寒食节，竞竖秋千，令宫嫔辈戏笑以为宴乐，帝呼为半仙之戏，都中士民因而呼之。”每到寒食节，嫔妃们都把自己打扮得分外青春亮丽，长裙飘飘，摇荡起来上下凌空，玄宗称她们是“半仙”，恐怕就是因嫔妃们随秋千的摆荡飘起衣衫美裙宛若仙女一般吧！“满街杨柳绿烟丝，画出清明二月天。好是隔帘花树动，女郎撩乱送秋千。”可见把荡秋千称为“半仙之戏”也是非常形象的。

唐人王建的《秋千词》生动地描绘了女子荡秋千的情景：

长长丝绳紫复碧，袅袅横枝高百尺。少年儿女重秋千，盘巾结带分两边。身轻裙薄易生力，双手向空如鸟翼。下来立定重系衣，复畏斜风高不得。傍人送上那足贵，终赌鸣珰斗自起。回回若与高树齐，头上宝钗从堕地。眼前争胜难为休，足踏平地看始愁。

唐代诗人作品中常常可以看到秋千的影子，王维《寒食城东即事》有“蹴鞠屡过飞鸟上，秋千竞出垂杨里”，杜甫《清明》诗云“十年蹴鞠将雏远，万里秋千习俗同”。秋千常与蹴鞠一起出现，蹴鞠是男子踢球游戏，秋千则多为女子所爱，男女相伴，意趣横生。唐宋时期，秋千一直是寒食节里最流行的活动。由于在寒食有几日的国定假期，又时值春季，万物复苏，树木葱绿，所以人们纷纷选择去户外领略大自然的美好风光。兹举数例：

春风摆荡禁花枝，寒食秋千满地时。（王涯《宫词》）

风烟放荡花披猖，秋千女儿飞短墙。（李山甫《寒食二首》）

芳草长时寒食天，红墙低处见秋千。（张耒《二月词》）

蹴罢秋千，起来慵整纤纤手。露浓花瘦，薄汗轻衣透。（李清照《点绛唇》）

寒食梁州十万家，秋千蹴鞠尚豪华。（陆游《春晚感事》）

▲元·王振鹏《宝津竞渡图卷》局部（水秋千）

荡秋千，绝不仅是来回摆荡如此单调的游戏。宋代渐渐流行起了水秋千。据南宋吴自牧《梦粱录》等书的记载，不管是在北宋都城汴京的金明池，还是在南宋都城临安的西湖、钱塘江，都举行过这种杂技表演。北宋名相王珪《宫词》就描写了两队竞技，宫人内眷争相观看的情景：“内人稀见水秋千，争擘珠帘帐殿前。第一锦标谁夺得，右军输却小龙船。”宋代的娱乐活动甚为丰富，“水傀儡”就是在水中进行人偶表演，水秋千则难度更高，类似于现代的高台跳水和杂技，表演者在秋千激荡中展现技艺，所以技艺人也是经过专门训练的。

据宋人孟元老的《东京梦华录》卷七《驾幸临水殿观争标锡宴》中记载：宋徽宗赵佶每年三月，通常会选在二十日驾幸皇家园林金明池内的临水殿观龙舟争标。开赛之前会举行水秋千表演，上自皇帝妃子、王公大臣，下至庶民百姓，竞相观看。表演前，先在水中置两艘雕画精美的大船，船上竖起高高的秋千架。表演时，船上鼓声大作，船尾杂耍艺人登上秋千做各种杂技表演，旁边又有一些禁卫军官兵击鼓吹笛助兴。表演者奋力悠来荡去，当秋千荡到和秋千架的横梁差不多相平之时，表演者双手脱绳，借秋千回荡之力腾空而起，在空中翻几个筋斗，然后投身入水。因表演者姿势各异，看上去动作优美又惊险刺激，观者无不喝

▲ 元·王振鹏《宝津竞渡图卷》

彩叫好。

也有一种是立秋千。坐着荡秋千太过寻常，就站立在秋千踏板上荡起来，更加刺激。《金瓶梅》里有一段描写立秋千的场景：先是月娘与孟玉楼荡秋千，后来又教李娇儿和潘金莲荡；李娇儿说身体不适便回绝了，于是玉楼叫了六姐过来一起玩立秋千；两个人手挽着手，另外两手挽定着彩绳，在木板上站稳后便摆荡起来；但站着荡秋千很容易摔下来，惹得众人笑。一直到现代，秋千依然是少年儿童喜爱的娱乐之一。

春天是思念的季节，也会生出多愁善感的情愫，所以秋千也荡出了少女们孤独寂寞的相思愁绪：

> 十五泣春风，背面秋千下。（李商隐《无题》）
> 欲上秋千四体慵，拟交人送又心忪。（韦庄《浣溪沙》）

秋千慵困解罗衣，画梁双燕栖。（冯延巳《阮郎归》）

吹花小雨湿秋千，闲却好春色。（张元幹《好事近》）

谁能读懂春中的深闺女子，谁又能解出她们的望穿秋水，“墙里秋千墙外道，墙外行人，墙里佳人笑”，古时女子莫不待字闺中，一堵围墙却隔断了少女的心事，有谁能了解她们的心思呢？现今秋千依然不少，公园里、小区内、校园里无处不见秋千的身影，秋千大多成为了儿童的专属游戏，无忧无虑，在摆荡中让人忘却烦恼。

▲ 明·仇英《四季仕女图》局部

妾发初覆额，折花门前剧。
郎骑竹马来，绕床弄青梅。
同居长干里，两小无嫌猜。
十四为君妇，羞颜未尝开。
低头向暗壁，千唤不一回。
十五始展眉，愿同尘与灰。

——唐·李白《长干行》

逝去的童年时光总是最纯真最梦幻，当刘海初盖前额的时候，她就常常折下花朵在门前与他嬉戏，郎君喜欢跨着竹竿当马来骑，她便手持一枝青梅绕着井栏追逐玩耍……李白的《长干行》是一首商妇写给经商远行的丈夫的自白诗，两个孩童天真烂漫地在自家门前骑竹马、弄青梅的游戏场景仿佛依稀在眼前，却字字句句难以排遣思念与别离。李白的这首诗生发出“青梅竹马”与“两小无猜”，其中蕴含的情感细腻而深切。若是没有“眼看帆去远，心逐江水流”这样的体会，又如何能懂“坐愁红颜老”的心境呢？

千百年来，“青梅竹马”便有了特定的认同，无数男女都在为这一词语的美好意境而向往、怀想与寄望。青梅依旧是那一株青梅，而竹马，却包含了更为丰富的民族风俗。

“青梅竹马”起源于唐代，而竹马游戏的出现则要早很多。《后汉书·郭伋传》曾记载竹马游戏：

郭伋字细侯，扶风茂陵人也。……始至行部，到西河美稷，有童儿数百，各骑竹马，道次迎拜。伋问："儿曹何自远来？"对曰："闻使君到，喜，故来奉迎。"伋辞谢之。

郭伋，是东汉初年深得百姓信任的廉洁之官。建武十一年（35），他出任并州太守，广施恩德，无论男女老幼都十分敬重他。有一次巡行部属来到西河美稷，当地县里的几百个儿童听说是郭伋来了，都各自骑着竹马在道旁行礼迎接郭伋。郭伋问："孩子们为什么这么远跑来？"其中领头的一个孩子说："我们听说大人要来，非常高兴，就相约一起来欢迎你。"郭伋听了十分感动，连声道谢。在美稷县办完事后，孩子们又闻讯赶来送郭伋，并问他什么时候返回。郭伋立即让随从计算返程的日期，告诉了他们。由于事情办得十分顺利，返回美稷县的日子比预期早了一天，但为了不失信于孩子们，郭伋下令在县城外的野亭露宿一晚，等到第二天的约定日期才入城。这就是"竹马迎郭伋"的故事。可见在汉代已有竹马游戏，且孩子们认为重要的时刻需用骑竹马来欢迎贵宾。

▲清·焦秉贞《百子团圆图》局部

儿童最喜欢也最擅长模仿，竹马游戏就是典型的儿童模仿游戏。模仿的是什么呢？很自然的，我们会联想到大人们骑马驰骋的场景。尤其是男孩，最自豪的一刻莫过于挥一挥竹鞭，在人

前摆一下姿态。竹马游戏的玩法，最初是将一根竹竿放在胯下，一手紧握着竹竿的前部，一手做挥鞭之状，然后学着大人骑马的样子来回奔跑，时不时嘴里还喊着“驾、驾、驾”。有的时候，在没有竹竿的情况下，他们也会用棍子、笤帚、木板甚至是板凳来替代。而到了后来，才有把马头制作得极为逼真的玩具。

东汉以后，对竹马游戏的记载屡屡出现。毕竟简单易学，又适合七八岁到处奔跑的孩子。《三国志》中的《陶谦传》就详细地记载下了竹马游戏：陶谦从小就失去了父亲，在县里面向来以放荡不羁闻名。到了十四岁的时候，还整天举着大旗骑着竹马四处玩乐游戏，整个乡里的儿童都跟随着他，仿佛是个孩子王。一日，甘公遇到陶谦，看到他的容貌十分惊讶，便召他来谈论，不久便答应把自己的女儿许配给陶谦。甘公夫人却不以为然，自己的女儿怎可以嫁给如此嬉戏无度的人呢？在甘公夫人看来，十四岁是早已过了玩竹马之戏的年龄了，恐怕这陶谦也不会是有才干之人。所以她极力反对这门亲事。甘公却不这样想，反倒认为陶谦有出众的外表和不凡的谈吐，最欣赏的是他能够带领一群年纪较他小许多的孩子们玩竹马游戏，将来必定是有军事领导才能的人。果然，陶谦后来成为了汉末军阀混战中雄霸一方的人物。

▲宋代白底黑彩儿童骑竹马瓷枕及线图

陶谦遭到甘公夫人的讥笑并非没有理由，因为在历史文献中，玩竹马游戏的最佳年龄大约是七岁。

西晋张华在《博物志》中说："小儿五岁，曰鸠车之戏；七岁，曰竹马之戏。"说的是小孩子在五岁之前玩的是鸠车，七岁玩竹马。因为鸠车是儿童的学步车，正好适合五岁前孩子学步，而竹马需要跑跳，难度自然要高许多了。明代唐寅《岁朝》诗里写道："海日团团生紫烟，门联处处揭红笺。鸠车竹马儿童市，椒酒辛盘姊妹筵。"遇上春节这样喜气的日子，孩子们最是快活，鸠车、竹马、蹴鞠、秋千，把这一年的运道也都荡起来了呢。

竹马之戏真正的繁荣是在大唐王朝。随着帝国的繁荣，娱乐文化也不断昌盛。唐太宗就曾说起竹马游戏：

> 夫乐有几，朕尝言之：土城竹马，童儿乐也；饬金翠罗纨，妇人乐也；贸迁有无，商贾乐也；高官厚秩，士大夫乐也；战无前敌，将帅乐也；四海宁一，帝王乐也。

年少的美艳，贸易的往来，丰厚的俸禄，顺利的战事，四海统一太平，这些都是各个阶层不同年龄人的不同乐事；而对于天真活泼的儿童来说，有竹马可以玩耍，就是幸福快乐的童年。太宗都如此评价竹马，可想而知，竹马游戏早已成为家喻户晓的娱乐活动了。

在唐代，骑竹马已经成为儿童时代最具代表性的玩耍游戏了，唐代大量的诗人将一种美好的愿望或是纯真的过往寄托在"竹马"的意象上。白居易是写"竹马"诗最多的诗人，他在《观儿戏》中就把竹马之情写得极为传神：

龆龀七八岁，绮纨三四儿。
弄尘复斗草，尽日乐嬉嬉。
堂上长年客，鬓间新有丝。
一看竹马戏，每忆童骏时。
童骏饶戏乐，老大多忧悲。
静念彼与此，不知谁是痴。

▲ 清·焦秉贞《百子团圆图》局部

三四个约七八岁的孩子，在春日的郊外玩着斗草游戏，无忧无虑。“一看竹马戏”，就怀想起自己曾经孩童时的嬉戏场景，却蓦然感到分外的忧伤。彼时的“玩竹马”却与如今的“观竹马”联想起来，物是人非，诗人在一刻的“静念”之中，却茫然不知谁才是痴。竹马，带给了白居易太多的童年记忆，片片是情，字字是真。

白居易另有一诗《送王卿使君赴任苏州》这样写童年的回忆：“一别苏州十八载，时光人事随年改。不论竹马尽成人，亦恐桑田半为海。”十八年时光恍如一瞬，世间所有的事物都不再回来，容颜变了，心也随之而迁移，往日骑着竹马奔跑欢跳的孩子也早已被万千俗世遮蔽了清澈的双眼。白居易的感慨，又怎能不是最刺入人心的真言呢？

宋代开始，竹马游戏已经不再是凭借一根竹竿来玩耍的纯粹娱乐了，它带入了大量的具象化的手法，把抽象的竹马发展成了真实可感的竹马舞、竹马戏、竹马灯等等艺术形式。人们更喜欢看到一匹纸糊的、有鼻子有眼的竹马，制作道具的时候，用竹篾扎制成马头的轮廓，再用纸糊起来模仿成马头。南宋吴自牧《梦粱录·元宵》描述了当时元宵佳节的热闹场景："姑以舞队言之，如清音、遏云、掉刀鲍老、胡女、刘衮、乔三教、乔迎酒、乔亲事、焦锤架儿、仕女、杵歌、诸国朝、竹马儿、村田乐、神鬼、十斋郎各社，不下数十。更有乔宅眷、旱龙船、踢灯鲍老、驼象社。"正月十五元宵夜，人们都来到街市上欢庆同乐，数十个游行的舞队一齐登场。竹马儿的样式跟"旱龙船"颇为相似，旱龙船是演员模仿在水中划龙船的舞蹈，龙船也是用纸或布糊成的，制成一只小船模样，人则在其中摆出划船舞蹈之状；而竹马舞也是如此，舞动身体，挥起长鞭摇摆起来，热闹非凡。

舞队在南宋极为繁盛，南宋周密的《武林旧事》中就罗列了将近百种不同的舞队，如"男女杵歌""六国朝""子弟清音""遏云社"，而这其中就有"男女竹马"。"其品甚夥，不可悉数。首饰衣装，相矜侈靡，珠翠锦绮，眩耀华丽，如傀儡、杵歌、竹马之类，多至十余队。"仅竹马舞表演就有十多队，这不能不说是盛大的排场。另有南宋的《西湖老人繁胜录》记载："禁中大宴，亲王试灯，庆赏元宵，每须有数火，或有千余人者。全场傀儡、阴山七骑、小儿竹马、蛮牌狮豹、胡女番婆、踏跷竹马、交衮鲍老、快活三郎、神鬼斫刀。"若是没有民间各类的技艺风俗，怎会有如此繁华的临安景象呢。"男女竹马"在舞队里的出现，悄悄地改变了竹马由男

▲ 清·冷枚《百子图》局部

孩独享的形式，女孩也开始玩骑竹马了。

元明清之际的竹马游戏多半带有舞蹈和戏剧的元素了。像元代有杂剧《追韩信》《霍光鬼谏》，常常可以见到“踏竹马上”“骑竹马上”的舞台提示。清代宫廷最是流行《庆隆舞》，“每岁除夕用之，以竹作马头，马尾彩缯饰之，如戏中假马者”。把竹子制作成马头，马尾又用彩色丝带扎绑起来，分外绚丽，宫廷上下无不欢喜。

当往日时光浮现在我们的眼前，曾几何时的竹马之戏依旧历历在目。对“竹马之岁”“竹马之期”“竹马之朋”“竹马之友”这些甚有韵味的词，我们也不会陌生，仿佛在这其中包含了童年的美好回忆。“竹马异时宁信老”，唯有逝去的美好时光最是难以挽留，人生欢乐无忧、天真与烂漫，任是谁都无法拒绝那最真实的、深藏在心底的一抹艳阳。

平生万事付天公，
白首山林不厌穷。
一枕鸟声残梦里，
半窗花影独吟中。
柴荆日晚犹深闭，
烟火年来只仅通。
水品茶经常在手，
前身疑是竟陵翁。
——宋·陆游
《戏书燕几》

# 七巧板

新时代的孩子从来不缺少玩具，父母常常往孩子的双手里填满各种各样新奇的玩意儿，孩子们似乎能从那些看似光怪陆离又有着非凡智能的玩具中得到狂欢式的满足。其实父母疏忽了孩子最质朴的想象：当你拿出一组七巧板，它单调的平面似乎毫无吸引力，而当他们天马行空地捣鼓，拼组出成百上千种的图案时，真正的狂欢和来自内心的富有创意的满足感才算来临。

从最简单的平面拼图到复杂的立体拼图，拼凑的何止是几块薄薄的彩色木板，更多的是人们在时光流逝中一道道记忆的深壑。没有恬淡闲雅的心情，是无法完整地拼齐图案的。七巧板区别于其他拼图是在于它的每一片板块从来就没有专属的位置，可以随意拼凑，从而创造出无数的奇特图案，因此深受大众的喜爱。

七巧板就是用七块不同形状的木板，以各种不同的拼凑方法来拼组形状各异的图案。有趣的是，这七块板是从一整块正方形的板上按照一种规则分割出来的，所以无论你手中的七巧板是怎样的大小，它的七块板比例总是相同的：五块等腰直角三角形、一块正方形和一块平行四边形，它的组成仅此

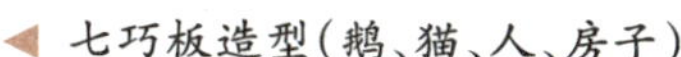

七巧板造型（鹅、猫、人、房子）

而已。可以拼组成简单的几何图形，也可以是各类人物形象，或者猫、狗、马等，还可以是身边的建筑，又或者是字符、数字。

七巧板的起源最早可以追溯到宋代的“燕几之戏”。北宋晚期有位博学多才的文学家叫黄伯思。他精通天文地理，钻研古籍史学，擅长书法绘画，曾官至秘书郎，是个德才兼备的能人。他一生著述颇多，而最有特点的就是关于组合家具的图册——《燕几图》。

《燕几图》是黄伯思所绘制的中国家具史上第一部组合家具的设计图。在古汉语中，“燕”与“宴”是相通的，有安闲和宴饮之意；“几”在古义中是矮小的桌子，一般古人用作宴饮或品茶时的桌子。“燕几”就是宴饮时可供休息的桌几，而燕几之戏是用桌几拼组而成，故名。古时宴饮的桌几都是矩形，黄伯思在设计游戏的时候最初都是用矩形桌几来拼组的，他这样介绍燕几之戏：

其法初以几长七尺者二，长五尺二寸五分者二，长三尺五寸者二，皆广一尺七寸五分，高二尺八寸，纵横错综而列之为二十体，变为四十名，

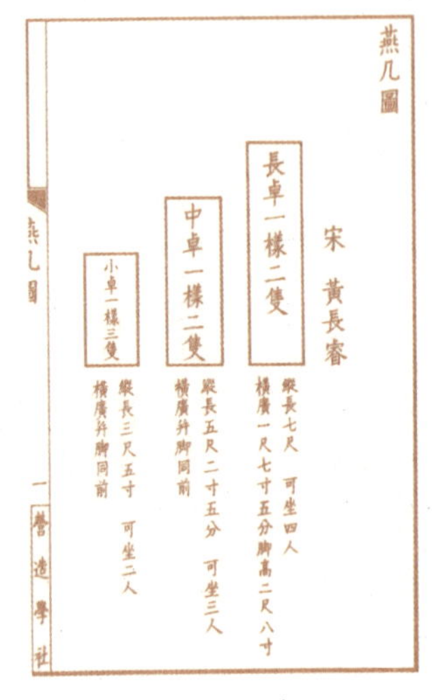

▲燕几的三个尺寸

> 谓之骰子桌，取其六数也。后增一几，易名七星，衍为二十五体，变为六十八名。各标目而系以说，盖闲适者游戏之具。

七尺的大桌几两张，五尺二寸五分和三尺五寸长的桌几同样各两张，这六张长度不同的桌几全都宽一尺七寸五分、高二尺八寸，尺寸的精准毫不含糊。黄伯思最初只设计六张矩形的桌几来游戏，也可以摆出许多不重复的图案，因为“六”的数字让人联想到骰子，所以也称之为“骰子桌”。但之后又增加一张，使其变化的样式更加繁多，取名“七星”。

其实，现代家居理念中许多家具品牌所设计的组合家具都是这个原理：在有限的空间内，用最简洁的家具创设出尽可能新颖的组合样式，如组合衣柜、组合书架、组合沙发等等。说是游戏，不如说是为了更多的雅趣。宾朋好友来此相聚，常常可以有新鲜感的空间布局，就不会有视觉疲劳了。

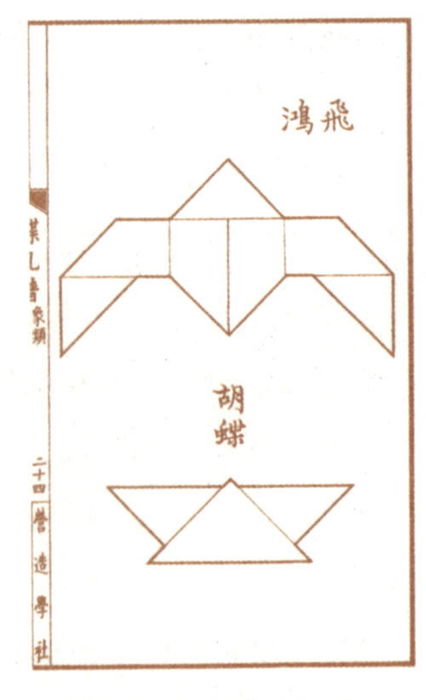

▲蝶几形似蝴蝶的翅膀

但毕竟每一种桌几都是矩形，无论怎样组合，拼出的图案总是有限。到了明代，严瀓受《燕几图》的影响，再结合勾股定理而创制了新的图谱《蝶几谱》，与《燕几图》有异曲同工之妙。清代陆以湉在《冷庐杂识·七巧图》中有这样一段话：

宋黄伯思《燕几图》，以方几七，长短相参，衍为二十五体，变为六十八名。明严澂《蝶几谱》，则又变通其制，以勾股之形，作三角相错形，如蝶翅，其式三，其制六，其数十有三。其变化之式凡一百有余。

严澂所创制的图可以拼组出蝴蝶翅膀的图案了，所以称之为“蝶几图”。但蝶几图中所用到的桌几并非是七张，而是十三张；形状也不再是单调的矩形，而是包括大小不同的直角三角形和梯形，其所拼凑出的图案种类也可多达上百种。很特别的是，这十张桌几是从一个完整的正方形中分割出来的，这一特点就与后来的七巧板非常相近了。

好在燕几图、蝶几图所包罗的想象力无穷无尽，可以让一代又一代的后人不断地开发新的游戏项目。清代的时候，文人们可不再愿意花大力气搬动这些笨重的桌几来搭建图谱，他们将桌几改为图板，浓缩了无数倍的小小图板甚至可以随手携带，茶楼里聚会时也好随时拿出来探讨一番。

顺理成章的，又一新的图谱产生了——《益智图》。它的作者是晚清文人童叶庚。他博学嗜古，不满足于当时已有的十三块板块的玩法，又增加了两块，变成十五巧板，并编制出《益智图》上下两卷的图谱。后经童氏整理，由其幼子童大年逐笔勾画，出版了《益智图千字文》。该书详细描述了益智图这一拼图游戏及其引人入胜的精妙玩法。当时文人公认童氏发明构思巧妙，启发心智，清恭亲王

▲ 清·吴友如《天然巧合》局部

亲笔为该书作了题字。益智图的难度已经远远超越了最初的燕几图和蝶几图，它的分割原则与古代占卜所用的卦和爻关系密切。益智图所分割出的图案是这样的：平行四边形一块、大小三角形四块、梯形两块、半圆形两块、曲尺形两块、正方形中空挖去一圆形而成的图形四块，这十五块图形最终可拼合成一个完整的正方形。

童叶庚之所以命之为《益智图》，也意为多玩这种图有益于提高智力。也确实如此，十五块拼图可拼出的图形比燕几图和蝶几图更多了。鲁迅先生在日记中就曾多次提到这种玩具，可用它来做休息时的一种娱乐。

之后，也有更多种类的拼图游戏，二十三块板的、百块板的，却都不如七巧板有生命力。不是在于它们缺少创新，而是并非越多的拼板才越好玩，拼起来太繁琐，反而会令人兴趣大失。

七巧板是在蝶几图的基础上略加改进而成。清人陆以湉就说：“近又有七巧图，其式五，其数七，其变化之式，多至千余。体物肖形，随手变幻。盖游戏之具，足以排闷破寂，故世俗皆喜为之。”其实这里的七巧图就已经是如今所定型了的七巧板。

六块太少，八块太多，取七块最适宜了。七巧板是有多么受欢迎呢？据说，它在西方人眼中是东方非常古老的消遣品之一，甚至还有了英文名称Tangram，中文通译成“唐图”，意思是“来自中国的拼图”。至今，在英国剑桥大学的图书馆里还珍藏着一部清代桑下客作的《七巧新谱》。美国作家爱伦·坡曾用象牙精制了一副七巧板。法国政治家拿破仑在被流放时也喜欢拿七巧板作为消遣游戏。七巧板从18世纪起传到了日本、朝鲜、欧美，就像近代的鲁比克魔方一

▲象牙雕七巧板及其锦盒

样，七巧板游戏很快就风靡世界了。

现存最早的七巧板是用象牙雕刻的。这套七巧板很有可能是由商人罗伯特·沃恩于1802年从广州购得并带到美国的。装七巧板的锦盒底部写有：“F. Waln April 4th 1802”（F. 沃恩1802年4月4日）。虽然这套是目前已知最早的有记录的七巧板，但在西方商人购得这款雕刻精美的象牙质七巧板时，七巧板在中国早已流行。在这之前，木制或纸板制的七巧板也应该早已出现在中国民间。

虽然七巧板在1802年的中国已成商品，但是，目前我们能找到的最早有关七巧板的书籍却是1813年出版的《七巧图合璧》，本书的著者是碧梧居士，书内的七巧图形是桑下客绘制的。之后，英国、法国、德国、美国、瑞士、荷兰、丹麦等国家也都陆续出版了有关七巧板的书籍。

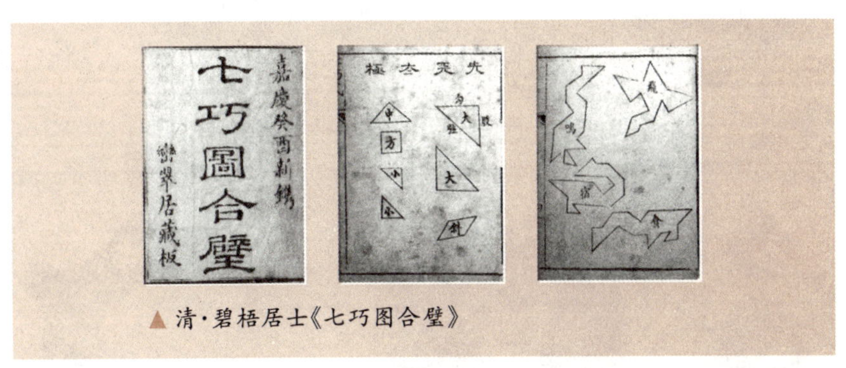

▲清·碧梧居士《七巧图合璧》

19世纪末至20世纪初，由于人们对七巧板的喜爱，七巧板的造型也用在了生活用品中，例如攒盘。七巧攒盘通常放置在一个正方形的木盒中。人们过年过节时用攒盘来盛放干果和甜品招待家里来访的客人。

在设计师的眼中，七巧板也成了极好的灵感来源。意大利的设计师Daniele Lago进行了既大胆又极具创新的尝试，把七巧板的概念创造性地

▲七巧攒盘

运用在家具设计中，设计出了“七巧板”书架。购买的顾客回家自行DIY就能够在墙上排列出喜欢的图案，时间久了看腻了仍然可以随心所欲地改变形状，搭配上不同的颜色，非常方便又充满创意，仿佛是艺术品一般。

七巧板通常的玩法，是把七块板拼摆出自己设想的图形。游戏规则是板与板之间不可重叠，它必须是平面的，且要有连接。玩的时候，可以是按照事先给出的图形来拼摆，可以是没有预设，自己创造新的图案。据说，有人已经可以拼组出1600多种不同的图案。如今，许多新妈妈也喜欢把七巧板当作给自己宝贝的一份幼年礼物。两三岁的幼儿捣鼓起七巧板，拼组出各种图形，孩子的动手能力、协调能力、想象能力、观察能力甚至记忆能力全都在这小小的七块板中得到锻炼。

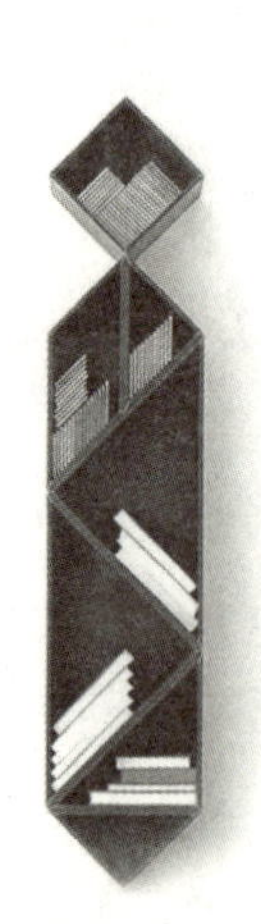

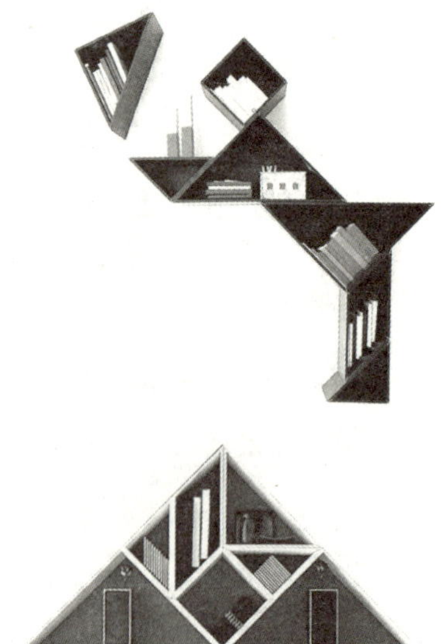

▲七巧板书架

▲ 七巧板场景

你说像吧？不太像。说不像吧？却真的神似。奇妙的七巧板，制作起来也十分简单。随手一块纸板、几支彩笔、一把尺、一把剪刀就够了。把分割完的七块纸板分别涂上不同的颜色，用剪刀沿着分割线剪开，就可以游戏了。制作的乐趣，仿佛也与这些奇形怪状的小玩意儿一同装进了时光的机器里。

化繁为简，从至简中生发出万象的世界，这就是七巧板的魅力。

舜日谐鼗响，尧年韵土声。
向楼疑吹击，震谷似雷惊。
仙鹤排门起，灵鼍带水鸣。
乐云行已奏，礼曰冀相成。
——唐·李峤《鼓》

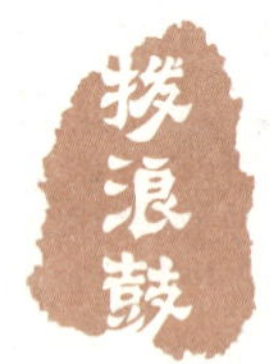


追着时光跑的玩意儿，不经意间，就把曾经还是稚气模样的面庞悄悄催老了。“拨浪鼓，脸蛋儿圆，好像是胖妞妞戴耳环。左一个，右一个，摇起头来唱得欢，摇起头来唱得欢……”每当《拨浪鼓》儿歌唱起来的时候，“咚巴咚巴”清脆的鼓点声总会让一连串经典的童年画面浮现开来：拉洋片、吹糖人、皮影戏、抽陀螺，样样都是最喜欢的玩意儿。

▲拨浪鼓

从大山里走来的卖货郎，最吸引人的无非那一身吆喝的本事。穿开裆裤的娃娃们也极是喜欢，“咚咚咚”拨浪鼓声遥远地一响，就屁颠屁颠地跑出门来巴望着。也许是由于单调与偏僻的生活环境，甚至在更多空白未知的时间里，拨浪鼓与吆喝声，成为山里乡间的一种符号——等待的快乐。

然而，拨浪鼓成为卖货郎的时代性标志也是后来才有的。拨浪鼓的谱系甚至可以追溯到华夏社会彩陶文化时期，在商代殷墟甲骨卜辞中就有关于它的信息了，那时人们称拨浪鼓为“鼗鼓”。“兆”意为“远”，“兆”与“鼓”结合起来表示“远鼓”“远方进贡来的鼓”。它原本为北方偏远少数民族的

鼓，通过进贡传入中原。鼗如鼓而小，形状很奇特，它与一般的鼓略有不同。圆而扁的鼓身，两面是以兽皮缝制而成的，竖立起来中间穿过一根木柄，鼓身两旁缀有以短绳相系的小珠。当一左一右扭转木柄时，鼓身两侧的小珠就“咚咚咚”地击打着鼓面，玲珑极了。

这看似玩具模样的小物件最初却并非是用作逗趣的玩具。明代张岱《夜航船·礼乐部·律吕》中说：“帝喾作鼗鼓。”远古时候，与其他鼓类一样，鼗鼓是当作乐器之用的。

商代的鼓已经与铙（铜制圆形的打击乐器）、磬（玉石所制形状似曲尺的打击乐器）等一并列为主要的乐器。《礼记·明堂位》说：“土鼓、蒉桴、苇籥，伊耆氏之乐也。”所谓“蒉桴”，就是用草和土抟成的鼓槌，用此击鼓，激越之声催人奋起。传说伊耆氏是尧帝，他用陶土制成土鼓，用草和土抟成鼓槌，还有形状如笛子样的多孔乐器苇籥，这三种乐器在原始时期被拿来当作礼乐之用。生起篝火的夜晚，撕碎的猪肉和小米放置在石头上烤熟，饮酒而歌，土鼓在蒉桴的敲击下悦耳之声阵阵，先人就是用这样原始的方式来祭祀鬼神。大概，鼓被当作祭祀鬼神之用，是由于鼓声的雷动之感有着惊动大地、万物复苏的意思吧。

之后，但凡是举行祭祀、典礼、宴会之类的，演奏的仪仗乐队中总是离不开这样那样的鼓。为此，周朝开始还专门设有管理鼓乐的部门：周朝有“鼓人”，汉唐有“鼓吏”“鼓吹署”，宋以后还有“钟鼓司”等。《周礼·春官·小师》里说：“小师，掌教鼓、鼗、柷、敔、埙、箫、管、弦、歌。”这里的“小师”就是负责掌管乐器的官员。

要说雅俗之别的话，鼓奏必然是雅乐之名。在商代祭祀的雅乐中，不可或缺的一样就是鼗鼓。鼗鼓有大小之分，“大鼗谓之麻，小者谓之料”，而且从来只是当作伴奏，形状较大的鼗鼓作为祭典的开篇起乐，较小的鼗鼓则是在每一乐段之前都要左右扭动手柄，有的时候一根长柄上可以放上三四只鼓，敲打起来就八面威风了。虽然是伴奏，但其地位往往是不可取代的。《唐六典·太常寺·太乐署》里就有这样的记载："文、武二舞郎一百四十人……武舞之制：左执干，右执戚，二人执旌居前；二人执鼗，二人执铎，四人持金錞，二人奏之……"即使到了大唐礼乐繁盛时，鼗的演奏也依然是在队列之中。有意思的是，那时候的大鼗体积巨大，即便是小鼗都有二十多厘米的直径，木柄更是长达一米多，与现在巴掌大的拨浪鼓真是截然不同。

从宫廷雅乐之殿堂走向民间而成为儿童喜欢的玩具，这是拨浪鼓的一大发展。宋代曾做过宣和画院待诏的苏汉臣，画过一幅《五瑞图》。图中五个孩童各自带着花哨面具，跳着驱鬼辟邪的大傩舞。在芍药盛放的花园里，其中一个童子两手各持一个拨浪鼓舞弄起来。两个拨浪鼓相同，都是双鼓相叠而成。上面的小鼓扁而圆，下面的鼓长而类似腰鼓。鼓面彩绘花纹；长鼓的鼓身铜镶小花，精致美观的程度前所未有。

▲宋·苏汉臣《五瑞图》

当拨浪鼓在孩童们的手中摇耍不止的时候起，鼓对于我们的意义早已超越了它乐器本身而成为一种民俗事项，与人们的日常生活紧密相连。街巷子深深绵长，老远就听到了"咚咚咚"的拨浪鼓声，还有随风而动的风车和旋转似陀螺的竹蜻蜓，这些都是童年最美好的记忆。年纪略大的孩子又往往是不屑玩拨浪鼓的，他们有更具吸引力的玩意儿，所以拨浪鼓大多成为哄娃娃的专属玩具。

也不知是怎样的巧合，拨浪鼓摇身一变竟成了卖货郎手中招揽生意的工具。货郎们走街串巷，一副货担就是一个小小的百货店，他们不仅为偏僻的乡村带来所需的货物，也带来各种新奇的见闻，货郎的到来往往像节日般热闹。在南宋宫廷画家李嵩的《货郎图》中，我们可以看到画中的一只拨浪鼓，造型颇为考究，鼓柄做成葫芦把，鼓形如罐，双耳较特殊，类似皮条，持柄摇之，皮条抽打鼓面发声；还有一只“四层拨浪鼓”由四个由小渐大的小鼓，逐个串在手柄上，相叠的上下两鼓转向成90度。每个鼓各有弹丸做的双耳，鼓下设光滑精致的手柄。从这些拨浪鼓可以看出，南宋时拨浪鼓作为民间玩具已十分流行，并达到了很高的工艺水平。

▲ 宋·李嵩《货郎图》

明清时期，有鼗与小钲串于一柄者，俗称“惊闺”。《金瓶梅》第九十回里说：“孙雪娥与西门大姐在家，午后时分无事，都出大门首站立。也是天假其便，不想一个摇惊闺的过来——那时卖脂粉、花翠生活，磨镜子，都摇惊闺。”在元明清时期，无论是绘画中还是小说作品里，卖货郎的身影总是离不开拨浪鼓的。卖货郎也从山间乡里走出来了，走到了集市上，走去了幽幽小巷里。

尤其到了明代中后期，娱乐的社会风尚更为盛行，人们总是愿意追求潮流，各式各样的玩具也就自然繁荣起来了。日本根津美术馆藏里有四幅喜庆又富贵的风俗画，那是明代浙派画家吕文英所创作的《货郎图》，以春夏秋冬四季为背景，有牡丹下的春意、夏季盛放的蜀葵、秋日白鹤闲庭信步的优雅、冬梅绽放的美景，更有孩子们的童趣。最有趣味的是四位衣着不同的卖货郎，他们有各自独特而精致的货摊，无数精良时髦的宝物们自然是不必说的，单论这货郎担上支起的那一把大阳伞，就足够招人欢喜了呢。伞上挂下四条幡，写着“出卖包儿细茶”“出卖真正香肥皂”，真是好不喜庆热闹！《货郎图·冬景》中货郎的白袍子映出一张武官相的络腮脸，而他左手里拿着的小物件，就是两鼓串连的拨浪鼓。竟不知，这小小一个拨浪鼓，繁荣了市井，也定格了时光。

清代李渔《风筝误·惊丑》里说：“满手持来满袖装，清晨买到日昏黄，手中只少播鼗鼓，竟是街头卖货郎！”就是这样，世世代代货郎们的叫卖声成为了人们被封存的古朴的回忆。冷清的时光还是多半，尤其是妇女们更愿意听到熟悉的拨浪鼓声，她们惦记着货郎担里的雪花膏和红头绳。

▲ 明·吕文英《货郎图》

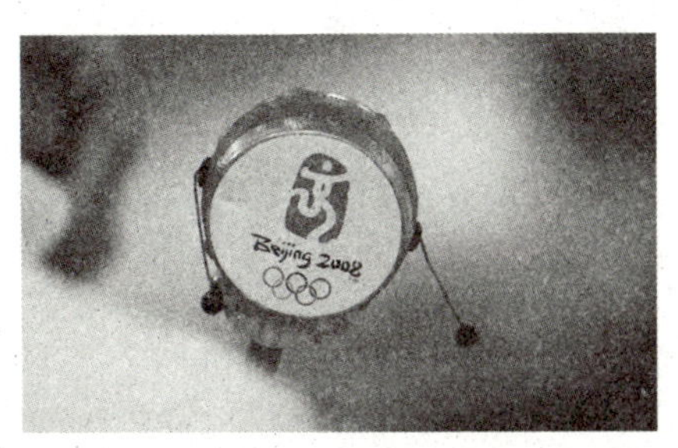
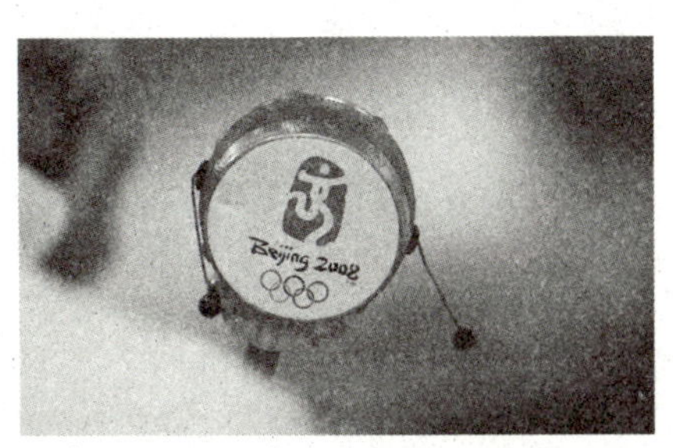


▶ “鸟巢”体育馆内的观众手持拨浪鼓观看闭幕式前的表演

2008年北京举办奥运会时，拨浪鼓被选为具有北京文化特色的礼品。

纵观拨浪鼓的古今，自先秦时期鼗鼓诞生直到今天，拨浪鼓这种乐器与玩具的形态居然没有什么变化。历代绘画、图案中的拨浪鼓，与今天的拨浪鼓大同小异。一种乐器与玩具经过了两千多年的流传，不改初创之形制，真是令人难以置信。小小拨浪鼓，摇一摇，很轻松，听一听，很清脆，折射着深远的城市文化和经济文化内涵。

▲ 清·冷枚《百子图》局部

爱元宵三五风光，月色婵娟，灯火辉煌。月满冰轮，灯烧陆海，人踏春阳。三美事方堪胜赏，四无情可恨难长。怕的是灯暗光芒，人静荒凉，角品南楼，月下西厢。

——元·佚名《折桂令·元宵》

# 灯谜

北宋诗人苏东坡有一位方外之交，名曰佛印禅师。二人诙谐谑浪，在游览湖光山水之间对诗辩论，怡然忘尘。《东坡居士佛印禅师语录问答》一卷里就记载了他们的三则猜谜轶事，其中有一则关于“墨斗”的谜语：

佛印持匠人墨斗，谓东坡曰：“吾有两间房，一间赁与转轮王。有时放出一线光，天下邪魔不敢当。”东坡答道：“我有一张琴，一条丝弦藏在腹。有时将来马上弹，弹尽天下无声曲。”

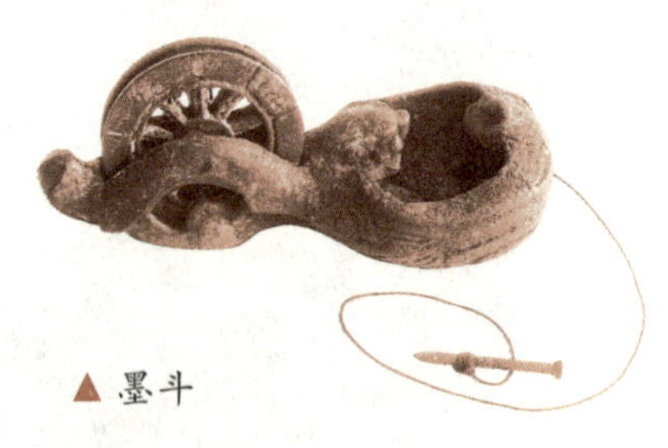

▲墨斗

东坡和佛印分别就自己的身份设置了两组谜面。佛印是禅师，他用转轮王来做谜面；而东坡是文人，便拿琴曲来用，把老子之言“大音希声”化入谜面之中，使“墨斗”之谜生出了不少妙趣。时光千年一瞬而逝，人们在为这两位谜道行家的水平称奇赞佩之余，不禁也被这趣味无穷的谜语深深吸引

着，也让谜语成为历朝历代文化艺术中璀璨的明星，与中国书法、水墨画和京剧相媲美。

在我们这一代人的记忆中，当大红灯笼高高被挂起时，随之而来的便是热气腾腾的元宵和五彩花灯的街市。每当这样的节日如期而至，欢快与温暖的气氛就蹿腾起来了，和乐恬美的时刻里，拉着母亲的手走去夜晚的街市，在五彩缤纷的灯笼底下寻找灯谜的趣味，寻找新年伊始的祥和。

直至南宋，我们才有了元宵灯谜的文化习俗。南宋周密在《武林旧事》中有这样一节描写“灯品”的镜头：

> 灯品至多，苏、福为冠，新安晚出，精妙绝伦。……又有以绢灯剪写诗词，时寓讥笑，及画人物，藏头隐语，及旧京诨语，戏弄行人。有贵邸尝出新意，以细竹丝为之，加以彩饰，疏明可爱。穆陵喜之，令制百盏，期限既迫，势难卒成，而内苑诸珰，耻于不自己出，思所以胜之，遂以黄草布剪镂，加之点染，与竹无异，凡两日，百盏已进御矣。

▲ 佚名《上元彩灯图》局部

那时的灯品，以苏州和福州的花灯最为上乘，就连作家冰心也曾回忆老家福州南后街，从来都是“花市灯如昼”、灯月交辉的景象。元宵一到，就有热闹的武林灯市，各种花灯精巧绝伦。南宋也已经出现了用绢来制作花灯的方法，并在绢上画上人物图案，写上诗词和诙谐逗趣的话，用来吸引取悦来往的行人，而“藏头隐语”指的就是灯谜。

正是从那时起，灯谜仿佛就成了元宵节不可或缺的一部分。秦朝的时候，正月十五的夜还是单调的，没有灯俗和猜谜。到了汉代张骞从西域归来，文化似乎有了翻天覆地的变化，佛教的传入是至关重要的因素。灯，在佛教中是驱走黑暗、消散阴霾的象征，尤其在礼佛普遍后，灯俗显得更为重要。灯中有火，象征驱邪避疫，护佑神灵，好像黑暗之中的一点光明就可以战胜一切妖魔鬼怪。所以，在正月十五元宵之夜，人们选择让灯成为主角，灯俗就自然而然盛行开了。

只不过，唐代的元宵赏灯也只是纯粹的观灯纵乐罢了，南宋以前的

▲ 清代木贴金嵌花鸟纹玉宫灯一对

元宵灯俗也并没有加入猜谜的环节。然而，谜语是早已日常化了的。谜语从先秦之时就已出现，但那时的谜语还处于最初的发展阶段——隐语。南北朝文艺理论家刘勰在《文心雕龙》里说“讔者，隐也；遁辞以隐意，谲譬以指事也。”他认为当时出现的隐语，就是用委婉的打比方的方式来指出一些事情，这就是谜语的始祖。而后，谜语在汉代发展出两条分支，一类是事物谜，一类则是文义谜。

其中最有意思的是，谜语中特有的“暗示”被融入“谶语”中。在汉代，人们往往迷信谶语，谶语是古人占卜得来的言语，冥冥之中似乎暗示着什么，所以汉朝时的谜语又与谶语结合起来。事物谜就是谜语的内容围绕事物的形体特征，而文义谜则是把字的笔画拆分离合，注重汉字本身。

灯谜属于哪一种呢？必然是文义谜了。从宋代始，灯谜的谜底就是一个字、一句诗，或是一个名称，如此而已；谜面又是贴在花灯上，烛火燃放起来的时候，别提有多美丽了。小时候，最快乐的事就是走街串巷地去找灯笼，看谁能把灯谜都猜出来。

“隐语化而为谜，至苏、黄而极盛”，说的就是“谜道达人”苏轼、黄庭坚。他们不仅会猜谜，更会自己制作灯谜。苏轼的“砚盖谜”就是众所周知的：“研犹有石，岘更无山；姜女既去，孟子不还。”苏轼把“研”“岘”“姜”“孟”四个字分别去掉了一半，留下了“石”“见”“⺷”“皿”四个部分，拼凑在一起就是“砚盖”，在制谜的时候又毫不牵强，把姜女和孟子巧妙地组合进这个谜面之中，不得不令人感慨苏轼谜道功力之强！

一个精彩漂亮的灯谜由四部分组成：谜面、谜目、谜格和谜底。谜面就是题目，这也是灯谜中最重要的，语句要通顺贴切，构思需巧妙。王安石与苏轼一样精通谜道。有一年元宵节，他家中有友人王吉甫来访，席间，王安石出了一道灯谜："画时圆，写时方，冬时短，夏时长。"王吉甫思忖片刻，但没有立刻作答，而是另出了一个谜还给王安石："东海有条鱼，无头亦无尾，去掉脊梁骨，便是你的谜！"这下子，以谜猜谜，分外有趣！两人不禁心有灵犀般大笑起来。原来，谜底就是一个字——日。王安石的谜面，采用了意义的解读；而王吉甫的谜面，则结合了文义和意义，更胜一筹。谜目，就是所猜谜底的范围，往往会有提示，包括成语、汉字、花卉等等。给了对方谜目，才不至于胡乱没有方向地瞎猜。谜格，就是灯谜的格式。谜底，就是答案了。

灯谜的经久不衰是有着怎样的奥秘呢？最大的因素便是它将智慧与娱乐融合在了一起，而并非纯粹的游戏，这也使更多的文人雅士愿意接纳灯谜。刘勰说："自魏代以来，颇非俳优，而君子嘲隐，化为谜语。谜也者，回互其辞，使昏迷也。或体目文字，或图象品物，纤巧以弄思，浅察以炫辞，义欲婉而正，辞欲隐而显。"意思是，从魏以后，人们不喜欢俳优（指古代演滑稽戏杂耍的艺人）了，士大夫们更偏爱谜语。所谓的谜，就是用改头换面的词句来迷惑对方，有的是离文拆字，有的是刻化事物的形状，谜语的内容需是婉转而雅正的，文辞也应该是含蓄而贴切的。所以，灯谜并不像俳优一样只为了滑稽博众人一笑，虽然有着嘲隐，但毕竟是雅正的，绝不是戏谑之用。

▲ 中国传统宫灯样式

谜语若以福尔摩斯般的思维去探索，便会给人带来层出不穷的满足之感，乐趣与享

受就在这过程之中。谜面越是刁钻晦涩，解谜的乐趣越是浓厚。清代曹雪芹在《红楼梦》中创造性地写进了四十一条灯谜，而之后的李汝珍在《镜花缘》中也创作了六十九条，可以说灯谜与小说的结合在清代是开了先河的。

《红楼梦》第二十二回《听曲文宝玉悟禅机　制灯谜贾政悲谶语》，说的是贾母给宝钗做生日，摆了几席家宴，请了一班小戏子来演戏，很是热闹。第二天恰逢宫里元妃差人送来了一个灯谜命大家都来猜，结果猜出了兴致。大家围坐在贾母房里，春灯雅谜伴上彩礼酒席，各姊妹都暗暗写下灯谜，纷纷贴在围屏上来供大家猜谜取乐。贾母自然是喜乐得很，便也带头制了这样一个灯谜：

猴子身轻站树梢。

——打一果名

这个谜语并不难猜，谜底是荔枝。因为猴子站树梢，很容易让人联想到宋人庞元英的《谈薮·曹咏妻》中的“树倒猢狲散”这句俗话，而贾府中上上下下的这么多人此时完全没有预感到往后家族败落的悲剧，依然还是无忧无虑地嬉闹，就像树上嬉戏的“猴子”。谜目是果名，就限定了谜底须是一类水果。这一灯谜既暗含了讽刺，又是一句谶语，预言了不可言说的未来。随后，黛玉也制了一灯谜：

朝罢谁携两袖烟，琴边衾里两无缘。
晓筹不用鸡人报，五夜无烦侍女添。
焦首朝朝还暮暮，煎心日日复年年。
光阴荏苒须当惜，风雨阴晴任变迁。

——打一用物

黛玉的这首灯谜的谜底是更香。更香在古时用于计时，以燃烧的长短来确定时辰。若是从字面意思来理解，能解出谜底为香并不是难事。而若是从谜面暗含的意味中去解读，却仿佛能读出别样的味道。“琴边衾里两无缘”，是说黛玉自己与宝玉没有夫妻缘分，“焦首”“煎心”二词最为明显，是黛玉的自诉，内心是煎熬的、痛楚的，等待着什么，又叹息着什么。青春的时光也好，周遭的变故也罢，一切都要用淡定的心态去面对，不要记挂。一道灯谜，宛如人生一世，也无风雨也无晴！

又道是元宵之夜“众里寻他千百度，蓦然回首，那人却在灯火阑珊处”，火树银花的夜，歌舞升平的景，让灯谜充满了灿烂的回忆。灯谜发展到了现代，它融进了小说里、诗词里、歌赋里，又派生出了许许多多新的形式。

一盏灯，仿佛一段人生；一道谜，却是一枉未知。隐去的倘若是真是实，不如就将谜底，尽情留在风中。人生不正是这样永恒未知之谜么？

▲ 清代粉彩镂空开窗花卉宫灯

未济卦中休卜命，
参同契里莫劳心。
无如饮此销愁物，
一饷愁消值万金。
——唐·白居易《对酒》

有一年元旦，鲁迅曾作诗云“到底不如租界好，打牌声里又新春”，这看似随意却又掺杂着凄凉与讽刺意味的诗句，倒也给我们寻来了另一番思考——生活是个矛盾体，苦闷与享乐这些身体感受来不得半点虚情假意。

古人也好打牌，打的是叶子牌，也叫叶子戏。明代黎遂球《运掌经》里这样说到叶子戏的妙用：“凡牌之用，有数适焉。大可一寸，高倍出之，厚仅盈指。纸轻小，便易挟以偕游，一也；灵活可思，二也；无弹棋坐隐之烦，三也；可容至四人，以作酒政，多至十人而赢，四也；可以聚谈不厌，五也；附以韵语，分而赋诗，六也。”如此一来，打牌在古代确是一种文雅逸致的娱乐活动，六大宗旨尽出于这方寸之间的叶子牌中，趣味盎然焉。

无酒不成席、无令不成欢，宴会雅集中必不可少的便是饮酒。东晋永和九年（353），会稽山阴之兰亭便流行开了曲水流觞的雅集活动，王羲之等大批文人雅士来到溪水旁，停杯饮酒，并即兴赋诗一首，否则罚酒三斗，这就是文人行酒令的一大新创。

古人注重礼仪，为避免生活骄奢和酗酒招致的祸害，周朝以来就制定了

▲ 明·仇英《兰亭雅集图》局部

相关的规则来限制饮酒，从而便有了酒令。酒令的花样繁多，雅令、四书令、筹令、通令，凡人间事物、花鸟虫鱼、典故风俗、时令节气包罗万象，其雅俗兼备，往往多达上百种。

《红楼梦》里单写到酒令就有十六次之多，击鼓传花、占花名儿、牙牌令等花样繁多。其中第二十八回《蒋玉菡情赠茜香罗　薛宝钗羞笼红麝串》中就写了这么一出有趣的酒令游戏。一日，蒋玉菡、薛蟠、贾宝玉、冯紫英几个在一起饮酒，贾宝玉突发奇想，说："如此滥饮，易醉而无味。我先喝一大海，发一新令，有不遵者，连罚十大海，逐出席外与人斟酒。"说罢，宝玉一口饮毕，补充道：悲、愁、喜、乐四个字都需要藏进令里，还需说出女儿家为什么哀愁，为什么高兴，并要注明这四字的缘故；而且"酒面要唱一个新鲜时样曲子，酒底要席上生风一样东西，或古诗、旧对、四书五经、成语。"这下，可把几位酒伴难住了，这分明是才学的比拼。

贾宝玉先给一令：

女儿悲，青春已大守空闺。女儿愁，悔教夫婿觅封侯。
女儿喜，对镜晨妆颜色美。女儿乐，秋千架上春衫薄。

众人听罢，都说有理。可真要他们自己做令，却犯了难。

冯紫英是神武将军冯唐之子，想必是读过不少书的，他立即应了一令：

女儿悲，儿夫染病在垂危。女儿愁，大风吹倒梳妆楼。

女儿喜，头胎养了双生子。女儿乐，私向花园掏蟋蟀。

蒋玉菡虽是个戏子，但也有些文学功底的，回了一令：

女儿悲，丈夫一去不回归。女儿愁，无钱去打桂花油。

女儿喜，灯花并头结双蕊。女儿乐，夫唱妇随真和合。

不学无术、粗俗不堪的薛蟠，他的酒令就与前几者的格调相差甚远了。同是诗词曲赋酒令，怎能有如此天壤之别呢？酒令所呈现的世界太丰富，雅俗之后更多的是人物的性格和教养。一花一世界，一酒一情怀，大概都是如此的寄托吧。文字与游戏的融合，让这酒令游戏有了这般审美之趣，也是特殊的时代所特有的文化。

从明代开始，随着通俗文化大量地涌入大众视野，饮酒与打牌悄然融为一体并成为市民阶层喜闻乐见的娱乐方式——酒牌文化。说酒牌兼

▲ 酒牌

具实用性和艺术性，丝毫没有夸张。它起源于唐代叶子戏，是古人饮酒行令以助兴的娱乐佳品。

最初行令只为劝酒，而后却是为了行乐。行酒牌令则为人气较高的玩法之一。在饮宴时，席上依次轮流摸酒牌，摸到什么牌，就按照牌面上所显示的酒令来罚酒。莫非与当今的扑克牌一样？非也。其最大的特色在于叶子般大小的牌面上绘有各色的名人典故，玲珑精致，让饮酒也多了几番雅趣之意。最初的酒牌需用到竹片或兽骨，而到宋代已经普遍从竹制简板变成了轻巧便捷的纸牌形式了。牌面内容最为讲究，一般可分为酒令、赌约、图画和题铭四个部分，当然，每套酒牌根据不同的主题则有布局构图的细微差异，这也是各自的特点。

▲ 酣酣斋酒牌（万万贯）

▲ 酣酣斋酒牌（无量数）

酒令是游戏规则，如明代万历年间的刻本《酣酣斋酒牌》，其第二张“万万贯”主人公为嵇康，酒约为“邀七客同饮”，但凡摸到此牌的人需要邀请其他在席的七位友人共饮一杯。在牌面左方写有这样一段：“嵇康为人昂昂若孤松之独立，其醉犹如玉山之将颓。常与刘、阮诸贤以饮酒放达为务，因号为‘竹林七贤’。”这就是题铭，意为这张酒牌的故事。嵇康是曹魏时“竹林七贤”的灵魂人物，制牌人将嵇康列为排名第二的“万万

贯”牌，可见时人对他人格极为景仰，仅次于第一位的“无量数”酒仙李白。赌约则是酒牌最上方注明的“万万贯”，当酒牌用作赌博游戏时，就以此作为游戏的规则。而在牌面中间，则是酒牌最引人入胜的地方，作者根据酒约、赌约和题铭而进行创意绘画，通常是一个人物和与其相关的一个场景构成，比如“万万贯”中画有“竹林七贤”的七位诗人。就这样，每一张酒牌中都蕴涵着一个名人的故事，饶有趣味。

如果说唐代叶子戏只是纯粹的博戏打牌，那么明清的酒牌则更为妙趣横生，它兼具博戏和酒博的用途。如明末清初画家陈洪绶的《博古叶子》和明代无名氏《酣酣斋酒牌》是酒博两用，牌面上酒令和赌约都有；而清代画家任熊的《列仙酒牌》和《元明戏曲叶子》则为单纯的行酒令的纸牌，牌面上有酒约、题铭和图画而少了赌约。

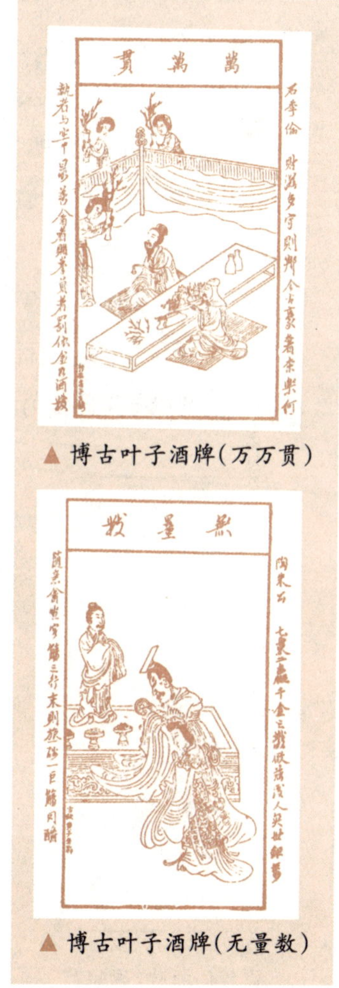

▲博古叶子酒牌(万万贯)

▲博古叶子酒牌(无量数)

有些酒牌因内容相近，很容易混淆。比如《酣酣斋酒牌》和《博古叶子》的设计就极为相似。赌约的面额也很是相近，“无量数”“万万贯”“千万贯”等赌额是都有的，但《酣酣斋酒牌》的小额更多，从“十文钱”至“一文钱”样样皆有；构图上也有区别，《博古叶子》在设计上，把赌约和酒令都写在图框的外面，图案与文字是区分的，而《酣酣斋酒牌》却相反，图案与文字融合在一起，构图的整体性更强了。

酒牌之所以能够如此繁荣，与明清之际的众位戏曲名流不无关系。清初的十七位酒牌创作者中就有黄周星、李式玉、张荩、陈洪绶、张潮等九位戏曲家，其余几位所在的圈子也与戏曲相关。尤其在明末清初这敏感又苦闷的时代，无论是戏曲还是小说，往往就成了造诣较高的文人寄放情感之处。

明代无论上层社会还是下层社会，无论知识分子还是平民百姓，都被娱乐至上的生活态度浸润着、改变着。酒牌的主题也各不相同，但都体现了作者个人的价值取向，如《博古叶子》所画的四十八个人物无论王侯贵戚、权臣佞幸、富商巨贾还是文人高士，他们在这套画稿中有一个交合点，那就是“金钱”。一些人有铜山宝库，富可敌国，一些人身无一文，瓦釜生尘。富而好礼的值得赞赏，但穷奢极欲的就要遗臭千古；清贫而节操凛然的自可流芳百世，但矫情求名的贫士就不值得推崇。

▲ 列仙酒牌（嫦娥）

又如《列仙酒牌》围绕各类神仙，《酣酣斋酒牌》则罗列了李白及“竹林七贤”等各路“酒鬼”，行酒令时配上图画与人物故事，非常有趣好玩。

物质的满足总是容易让人在追求自我享受中，不知不觉地忘却了返璞归真——人性的自然回归。明代商业的繁荣，使市井阶层对通俗文化的需求不断提升。书坊画廊里，通俗易懂的语言逐渐替代晦涩的文字，下层百姓也在选择绘声绘色的小说作为茶余饭后的消遣。人们开始厌倦单调的文字，那些丰富多彩、吸引眼球的插图大量

流入文学作品中。《琵琶记》《状元图考》《环翠堂园景图》《西厢记》《程氏墨苑》等图书都大量使用版画，仅《西厢记》就同时流传十多种配图版本，从而造就了一大批艺术家。

从博戏叶子到明清之际纯粹形式的酒牌，它融合了游戏、文学、绘画、书法、刻板工艺而成为一种综合性的艺术载体。难怪现代学者郑振铎先生偶遇《酣酣斋酒牌》真迹要全力将它影印出版了，如此艺术精品必然是无价之宝。明代绘画随之成为流行的元素，陈洪绶、唐寅、仇英、蓝田叔、丁云鹏等著名文人画家也纷纷参与版画的创作，极大促进了酒牌文化的传播与发展。然而，绘画本身不等于世俗化，但是它用图画的视觉冲击了单调的文字，使受众面不再仅仅局限于文人雅士，于是酒牌在无形之中打通了社会的各个层次。

所以明代潘之恒在《叶子谱》中说：“至酒牌出而古意逾失，用之逾浅，禅爵花妓既已，不伦甚至淫媟欲呕，徒败人兴。”意思是，至赌博性质的酒牌出现以后，过去古雅的玩法仿佛便失去了文化意蕴而不再文雅，都不过是花妓酒楼里的游戏而已。酒令一出，假如仅是男人之间的摸牌饮酒，则多少欠缺了些醉趣。宋人曹绍《安雅堂觥律》就有这样的说法：“以叶子行觞，欢场雅事也。”而欢场便是寻欢取乐的地

▲博古叶子酒牌（一百子）

方，这花酒间也是一种社会风尚。明清时期社会矛盾激荡起伏，当天下大势已定，一臣不事二主时，文人的政治理想和灵魂归属终究陷入了一场艰难的抉择之中。或“暂向西园采薇蕨”，或遁入山林终年不出，或流连于诗酒之间，而胸中苦闷唯有寄托于世俗快乐的事物中，一杯酒，便是最好的消磨。

寻欢作乐成了那些仕途与人生失意的文人的一场游戏，有花、有酒、有歌、有妓，有情爱、有别离，有自我的回归、有迷茫的未知……所有的一切都消融在时光的隧道中。当欲念中无处不在的享乐体验与意志里坚守的拯世情怀不断碰撞的时候，淡淡的清酒，一场如知己好友的酒牌之娱就已足够，人生为何不率性而活呢?

“今朝有酒今朝醉，明日愁来明日愁。”一个人在跌宕起伏之后依然秉持了洒脱的本性，又何尝不是酒牌文化中的真实写照呢?

幽栖地僻经过少，
老病人扶再拜难。
岂有文章惊海内，
漫劳车马驻江干。
竟日淹留佳客坐，
百年粗粝腐儒餐。
不嫌野外无供给，
乘兴还来看药栏。

——唐·杜甫《有客》

## 诗钟

过去文人墨客喜好诗社雅集，常有以诗为名的聚会活动。一次，郁达夫被邀请去福州林则徐故宅参加社集，其间，挂壁上贴出一道诗钟题，名为《有·无（二唱）》。在座的名士纷纷冥思苦想，眼见桌上点着的信香即将燃尽，铜钱即将坠落至铜盘，郁达夫挥笔一书，潇洒地写下："岂有文章惊海内，料无富贵逼人来。"最终经过评审，一致认为郁达夫的卷子最为上乘，以此而夺冠。这是一联集句，上联来自杜甫《有客》之颔联："岂有文章惊海内，漫劳车马驻江干"；下联则为龚自珍《送南归者》中的"且买青山且鼾卧，料无富贵逼人来"。当时主持人的评语是这样："浑成自然，天衣无缝，裁对工整，无异己出，应冠全场。"

诗社里玩诗钟，亦诗亦联，是一种闲适而有雅兴的游戏，相较于酒牌、灯谜这些游戏而言其专业性要求更高，所以文人大多也乐意参与其中。诗钟最妙之趣在于限一炷香的时间里按照题目要求吟诗一联或多联，香尽鸣钟，在诗钟吟成后再补全其余几联成为完整的一首律诗，游戏方才结束。关于诗钟的得名由来，据王鹤龄先生考证及黄乃江先生论证，最早见于李嘉乐在清同治十一年（1872）春写的《诗社即事柬袁子久中翰（保龄）》一诗的诗序：

▲ 清·吴友如《西园雅集图》

社（按：雪鸿吟社）中法限二字，作七言诗一联，字嵌每句之首曰“凤顶”，嵌第二字曰“燕颔”，第三字曰“鸢肩”，四曰“蜂腰”，五曰“鹤膝”，六曰“凫胫”，七曰“雁足”。又，一嵌于上句首一嵌于下句末，曰“魁斗”；或嵌上句末下句首，曰“蝉联”。限四字拆开嵌用，不论对仗曰“碎流”，论对仗曰“碎联”。四字分嵌两句首尾曰“双钩”。二字错落对之，如此置上句第三字，彼置下句第四之类，曰“鹿卢”；或置上句第四字，下句第三之类，曰“卷帘”。又有分咏、合咏、骈体诸目，则据题而不限字。合咏间亦限之。构思时以寸香系缕上，缀以钱，下承盂。火焚缕断，钱落盂响，虽佳句亦不录。名曰“诗钟”，都中盛行之。

这一序言里容纳了诗钟的许多信息，诗钟的命名、分类、玩法、格律等等。最初，用铜钱系在香上，当香燃尽时，钱币落入底部的盂盘之中，咣当一声响，宛如钟鸣，便有了诗钟的说法。

诗钟活动与击钵吟有着密切的联系，甚至可以说诗钟源于击钵吟。据黄乃江研究，击钵吟之名源于南朝“击钵催诗”的典故，南朝文献中记载了关

于“刻烛联吟”“击钵催诗”的资料。清道光七年（1827）杨庆琛撰写的《〈击钵吟偶存〉序二》就把“击钵吟”作为专有名词，当时这种限时吟诗的创作便是击钵吟。而后，击钵吟传入台湾，并盛行于台湾；而诗钟则在大陆遍地铺开。

击钵吟的规则是燃起一炷香，在香一点点燃尽的时候吟诗，速度快的人可以在一炷香的时间内吟出三四首七言诗。曾有古人，连续不断地燃香吟诗，一日之内竟然可以吟出一百多首绝句。诗中，有的咏古，有的咏事，有的咏物，都是抒发真情实意的诗，积攒起来，再选择可以吟咏的好诗收在一起。七言绝句为击钵诗的主体，且细则并没有诗钟那样细致严格，对于有些诗人来说甚至是信手拈来。

倘若从诗钟的格律来看，它也应当属于韵文。我国韵文的发展从楚辞、汉赋、唐诗、宋词到元曲，而清代中期的诗钟便是韵文新的延伸。据李竹深考查，诗钟正式见诸文字记载有莫友棠《屏麓草堂诗话》、李家瑞《停云阁诗话》、黄理堂《雪鸿初集》和施鸿保《闽杂记》等。从这些文献来看，诗钟的盛行应当是在清嘉庆、道光年间，而后一直影响到民国时期。地域上又以福建福州最为繁华，而延伸至全国各地。文人定期或不定期地在诗社里聚会，有的是进行竞赛，有的则是随意创作。法国著名作家小仲马名作《茶花女》的中文译者林纾，当时就在福州组织过琼珂诗社，后又将诗钟活动传播到北京，组过六合诗社。

诗钟最讲究格律，除了在创作中需要精雕细琢这十四字如何排列组合外，要求题面也须有巧夺天工之妙，相较于楹联和律句难度更大一些。诗钟的格式分为“分咏”与“嵌字”，两者又各有正格与别格之分。“分咏”是指上联与下联分别吟咏两个事物，两事物毫无关系，却需要作者把二者巧妙地写入一联诗句中。《闽杂记》中一篇《分曹偶句》收录了这样一些诗钟作品，

▲观音

如《端午日·孔子》《梳头·朝帽》《卖新闻·靴衬》《官坐堂·养私孩》《枕头·刽子手》《吹箫·和尚煮狗肉》《官厨子·菊花》《镜中美人·扑满》《海狗肾·木偶》《烧年纸·打纸牌》等等风马牛不相及的题目。举几例具体作品：

《花·观世音》云："杨柳折来施法雨，梅花聘取待春风。"

观世音菩萨手上的净瓶是插有杨柳的，杨柳折来犹如观世音在遍洒甘露法雨，令众生了悟菩提。

《请酒·单纱帐》云："觅醉惟应招大户，御风最好制轻容。"

大户与轻容相对，酒量大小以御风纱帐的轻重加以对比，有声有色。

《杨贵妃·煤》云："秋宵牛女长生殿，故国君王万岁山。"

长生殿的典故出自白居易的《长恨歌》，"七月七日长生殿"暗指杨贵妃与唐玄宗之生死悲歌；而万岁山即煤山，明崇祯皇帝自缢于煤山，如此之对，把两代君主的离合悲欢联系起来，读来有无限的感慨。

分咏较为灵活，规则也并不复杂，而嵌字则规定了要求嵌用的字和所嵌的位置，不可有偏差，却又需突破思维的屏障才可凑成一联诗句。最通常的是嵌入一平一仄两个字，两个字分别为上联和下联的第一个字

位置，称为“一唱”；两个字分别嵌入上下联的第二个字位置，则称为“二唱”；以此类推，有三唱、四唱、五唱、六唱和七唱。例如《闽杂记》里《嵌字偶句》一文中有云：

《子·鱼（二唱）》：“燕子不归春寂寂，鲤鱼无信路迢迢。”

“子”和“鱼”分别嵌入两句诗第二个字的位置，上句描写春天燕子不归来而显得寂寥失落；下句以鲤鱼起意，因鲤鱼是物候的一种象征，《文选》李善注引《提要录》：“鲤鱼风，九月风也。”所以鲤鱼没有按时到来而显得无信，就像行人赶路千里迢迢。题字的“子”和“鱼”又分别为仄声和平声，对仗工整，巧妙奇趣。

有了这样兼具游艺性质和文学活动双重特征的雅趣，雅俗共赏的诗钟便得到了社会的广泛认同。在活用各种知识典故的基础上发挥作者奇妙的联想，以此产生出人意料的结果，既不像八股文那样有科举的压力，又能在俗中求雅，锻炼自己的文学运用能力，因此诗钟广受大众的欢迎。台湾著名诗人连横评价诗钟的作用说：“诗钟虽小道，而造句炼

▲ 元·钱选《杨贵妃上马图》局部

字、运典构思，非读书十年者不能知其三昧。”又说：“诗钟亦一种游戏。然十四字中，变化无穷，而用字构思、遣辞运典须费经营，非如击钵吟之七绝可以信手拈来也。余谓初学作诗，先学诗钟，较有根底，将来如作七律，亦易对偶，且能工整。”

诗钟是需要功夫的，而如此功夫也绝非三日勤学就可得到，它需要文学涵养的积累和知识面的广泛；这也说明了学扎实诗钟有助于古诗写作能力的提高，学会诗钟，将来作七律就有基础了，有实用之价值。

就像进入了一座庞大的移动迷宫，思绪中飘过曾经走过的每一处羊肠小径、尝过的每一味酸甜苦辣，所有的诗词都以它另一种方式遇见、重组，不断地变幻原本的光影与意蕴。诗人的身影渐渐退隐出历史的帷幕，而他的诗却被留在了时光的长河中，等待下一次的重逢，这便是诗钟。

曲水流觞修禊事，袚除洗净春愁。举尊再拜寿君侯。只今虚鼎足，好去作班头。

自古相门还出相，春旗小驻南州。云孙将绍祖风流。他时如见忆，江汉一渔舟。

——宋·王质《临江仙》

怀古长思，大概总是隐约地映射出内心对现实的不满足，也便有了伤今的感慨。南宋文人吴自牧在《梦粱录》里就曾直率地表达他对晋时“曲水流觞”雅集的爱慕之情：

> 三月三日上巳之辰，曲水流觞故事，起于晋时。唐朝赐宴曲江，倾都禊饮踏青，亦是此意，右军王羲之《兰亭序》云：“暮春之初，修禊事”；杜甫《丽人行》云：“三月三日天气新，长安水边多丽人”，形容此景，至今令人爱慕。

▲ 晋·王羲之《兰亭序》

吴自牧言语中追古慕古的情怀不难理解，因为无论是曲水流觞还是三月三上巳节的古老风俗，在宋代以后便逐渐淡化了。那么，“曲水流觞”究竟是如何一种游戏以至于让后世文人倾心爱慕呢？

“曲水流觞”最早是上巳节的一项重要活动。《荆楚岁时记》有云：“三月三日，士民并出江渚池沼间，为流杯曲水之饮。”人们在农历三月三日那一天都来到江渚池沼之间，为的是曲水流杯的宴饮习俗。王羲之《兰亭序》“又有清流激湍，映带左右，引以为流觞曲水”。其所谓曲水流觞就是文人雅士选择一处雅静幽僻的弯曲水流旁，从其上游置一盛满酒的酒杯任其漂流而下，酒杯止于某人面前即取而饮之，并即兴赋诗。

东晋永和九年（353）三月三日的兰亭雅集便是一次盛大的节日集

▲明·唐寅《兰亭雅集》

会，王羲之、谢安等四十二位名流参加。雅集的基本内容除了曲水流觞以外，另有修禊、饮酒赋诗、制序和挥毫作书等，其间名士即兴赋诗三十七首并汇成一集，由王羲之作序，即为《兰亭集序》。那一日的聚会能够成为高雅的象征，或许是因为群贤名流的到场，或许是“一觞一吟亦足以畅叙幽情”的洒脱飘逸，又或许是王羲之书写的序言中寄托着山水自然之间的独特情怀。

“暮春之初，会于会稽山阴之兰亭，修禊事也。”那一天的兰亭雅集并非文人的突发奇想，而是因为“修禊”。早在周时就有水滨祓禊的习俗，《周礼·女巫》有“女巫掌岁时祓除衅浴”的记载，郑玄作注解释说，一年之中需要有除凶去垢的习俗，就像三月三日的上巳节在水中用

香薰药草一类来洗濯身体，使一年都洁净顺利。祓禊是指在水边举行的祭礼，洗濯去垢，消除不祥，作为上巳节的一种祈福除灾的仪式。春日万物生长易于生发疾病，也易招致沾染不祥之物，《后汉书·礼仪志》最早记载了关于“祓禊”的习俗：“是月上巳，官民皆洁于东流水上，曰洗濯祓除，去宿垢疢，为大洁。”修禊则近于祓禊，用沐浴、净身这样的祭祀仪式在三月三日上巳节时消灾祈福。如此说来，去病患、除鬼魅是修禊或者祓禊的本意。

在先秦和汉朝时，巫术氛围比较浓厚，三月初三的上巳节就是这样典型的节日。三月初三，“阳气布畅，万物讫出”，适合驱除晦气和不祥，所以上巳节还有祭高禖、会男女、蟠桃会和迎玄鸟等习俗内容，而这些内容之间又往往有着千丝万缕的联系。然而上巳节毕竟含着巫术迷信的意味，随着魏晋以后宗教的遍地兴起和宋明理学的逐渐强盛，上巳节的巫术内涵渐渐被世俗事象所取代，那些原始的自然崇拜（比如，高禖即管理婚姻和生育之神。祭高禖是最初人们对各民族先妣的祭祀礼仪，高禖也象征了女性生殖崇拜，于是祭拜高禖寄托了人们希望多子多福、求偶生育的愿望）逐渐消失了。

曲水流觞，最初也含有巫术意味。晋人潘尼《三月三日洛水作诗》说：“羽觞乘波进，素卵随流归。”又晋张协《洛禊赋》：“浮素卵以蔽水，洒玄醪于中河。”素卵是煮熟的鸡蛋，先人很早就将卵作为原始的生殖崇拜物。《史记·殷本纪》作注解释说，殷契的生母简狄，一天与妹妹两人一起在野外洗浴，见到一枚玄鸟蛋，她把蛋吃下去后就怀孕生下了契。契长大之后因辅佐大禹治水立了大功，被封为司徒。从此，卵便成了吉祥的象征与崇拜对象。所以诗中所言用素卵漂于水面，谁拾到谁就食之。而后文人墨客便用酒杯替代了鸡蛋，将酒杯置于荷叶之上任其漂流，既文雅，又不失趣味。“觞”为古代酒器，通常是木制，小而轻，底部有托，有时也有陶制或是金属的杯，两边有耳。无论是曲水浮卵还是流觞，都含有消灾祈福的意味。

上巳节的活动还有更为丰富的内容。东汉杜笃有《祓禊赋》，赋云：

王侯公主，暨乎富商，用事伊雒，帷幔玄黄。于是旨酒嘉肴，方丈盈前。浮枣绛水，酹酒醲川。若乃窈窕淑女，美媵艳姝，戴翡翠，珥明珠，曳离袿，立水涯。微风掩壒，纤縠低徊，兰苏肸蠁，感动情魂。若乃隐逸未用，鸿生俊儒，冠高冕，曳长裾，坐沙渚，谈《诗》《书》，咏伊吕，歌唐虞。

这里描述的是王室贵族的上巳节游乐，在郊外之地张设玄黄色的帷幔来举行美酒佳肴宴饮。其间有浮枣酹酒的做法，女子则妆扮精致，头插翡翠发簪，耳戴明珠耳环，美丽迷人；男子英俊文雅，带着高高的冕冠，拖着长长的衣裾。众人在早春的天地自然之间，坐在沙渚上畅谈《诗经》与《尚书》，吟咏伊尹、姜吕，歌颂唐尧、虞舜，如此的畅然自适，又是如此的与众不同。

中国文人总是饶有雅兴地举办各种集会，他们多喜欢围坐于曲水之畔或是竹林之间。在曹魏时，竹林七贤算是最喜爱雅集活动的了。嵇康、阮籍等七位名士选择了在幽密的竹林间喝酒聊天、吟诗作乐，代表了一种疏离朝廷的审美情趣；东晋的文人雅集则多喜于水流天地间，将理想生活寄情于山水。曲水流觞的盛况甚至超过了宫廷华林园的聚会，《世说新语·言语》里有一则故事：

▲ 清·任伯年《竹林七贤》

诸名士共至洛水戏。还，乐令问王夷甫曰："今日戏乐乎？"王曰："裴仆射善谈名理，混混有雅致；张茂先论

▲ 明·文徵明《兰亭雅集图》

《史》《汉》，靡靡可听；我与王安丰说延陵、子房，亦超超玄著。”

这则故事记载了诸位名士在上巳节时一次洛水边的雅集。名士们一起到洛水边游玩，回来的时候，尚书令乐广问王夷甫说：“今天玩得高兴吗？”王夷甫说：“裴仆射擅长谈名理，滔滔不绝且意趣高雅；张茂先谈论《史记》《汉书》，娓娓动听；而我和王安丰谈论延陵、子房，也极为深奥玄妙。”文人有清谈的雅致，又有玄言诗的创作，惬意与潇洒不言而喻。

大家参差错落，分坐在小溪两边，从上游漂下一杯酒，酒杯漂至谁的面前，谁就拿起来一饮而尽，这样一来，曲水流觞也就是传酒吟诗的一种游戏了。到了后来，又传出了新花样——“月字流觞”。所谓“月字流觞”，就是吟诵与“月”相关的诗句，轮流饮酒。《红楼梦》第一百十七回《阻超凡佳人双护玉　欣聚党恶子独承家》就写到这样的游戏：一日，邢大舅、王仁都在贾家外书房喝酒，一时高兴起来，就叫了几个陪酒的来劝酒。贾蔷见了，便提议来玩“月字流觞”的游戏，由贾蔷先起令，随后数到谁，此人便要喝酒，同时要说出酒面和酒底。贾蔷先喝了一杯令酒，说："飞羽觞而醉月。"轮到贾环，贾环需要说出一句含"桂"字的诗句，他便说了一句："冷露无声湿桂花。"贾蔷随即说："酒底需有个'香'字。"贾环便道："天香云外飘。"之后，众人都玩起了月字流觞之戏，而这正是酒令的一种。

《文选》卷四十六王融《三月三日曲水诗序》注引萧子显《南齐书》曰："武帝永明九年三月三日，幸芳林园，禊饮朝臣，敕王融为序，文藻富丽，当代称之。"可见魏晋时期曲水流觞之繁荣。到了唐代，上巳节曲水流觞也依然盛行，甚至已经制度化，大量的诗文中都记下了当时的盛况。唐文宗开成四年（839）时，上巳节曲江赐宴，群臣赋诗，唐文宗也赋五言古诗一首。这种活动到了宋以后便不大多见了。

含有曲水流觞传统的上巳节习俗在日本等邻国的历史文献中留有一些记载，也说明上巳的一些风俗在日本早有传播。《日本书纪》记载了最初的曲水之宴："显宗天皇元年（485）三月上巳，幸后苑曲水宴。"

王羲之兰亭雅集为东晋永和九年（353），早于日本132年。而后日本的历史文献中也有相关记载。日本将"曲水浮卵"的求子意味和"曲水流觞"的文人雅集融变为"曲水之宴"。有所不同的是，日本曲水之宴必用"桃花石带"的乐曲作为伴奏。三月三日是桃花盛开之时，桃花绽蕾盛开也似象征女子的青春，"桃花红色好，人面似桃花，眉间如青柳，笑开似细芽"，不禁让人联想起崔护"人面桃花相映红"的诗句。日本人在承纳了魏晋人士飘逸之风范和雅趣时，渐渐注入了细腻、淡雅、物哀而慎思的审美意识，传统文化的跨国界未尝不是一种有容乃大的体现；而我们也需要几分沉思，这样的传统文化如何使之秉持着本源长久传播呢?

三月三日上巳节之后被并入了清明，活动内容也演变成了如今的踏青与探春，兰亭之会也已不再仅是一次乘兴而来、尽兴而归的单纯聚会，而更是文人理想的生活境界。

# 第二章 玩赏与怡悦

花开花落自风流

龙舟竞渡
空竹
烟花
捶丸
舞狮
皮影
弄潮
捶丸
皮影戏
龙舟竞渡
舞狮
烟花
空竹
弄潮

石溪久住思端午，
馆驿楼前看发机。
鼙鼓动时雷隐隐，
兽头凌处雪微微。
冲波突出人齐譀，
跃浪争先鸟退飞。
向道是龙刚不信，
果然夺得锦标归。

——唐·卢肇《竞渡诗》



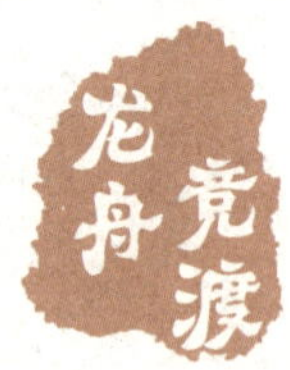


南朝梁宗懔《荆楚岁时记》中曰：“五月，俗称恶月，多禁。”先人谈及五月，总不免心生厌恶。因农历五月，蚊蝇繁殖，百病滋生，对于医疗条件极差的古人而言，正是极易染病死亡的时节。人们希望通过一些方法来避凶驱邪，因此他们在被称为恶月恶日的农历五月五日举行一系列的活动，端午节的习俗也应运而生，因此华夏子孙至今依然能够在龙舟竞渡中去品味中华传统习俗的意蕴。

南方多水，湖泊遍地，可也并不仅是局限在端午之时人们才会想起游船竞渡。“朝昏晴雨，四序总宜”，春光明媚之时，南方各地的活动就繁盛起来了。南宋周密在《武林旧事》中就有杭州西湖春日竞渡的记载：

> 都城自过收灯，贵游巨室，皆争先出郊，谓之“探春”，至禁烟为最盛。龙舟十余，彩旗叠鼓，交午曼衍，粲如织锦。内有曾经宣唤者，则锦衣花帽，以自别于众。京尹为立赏格，竞渡争标。内珰贵客，赏犒无算。都人士女，两堤骈集，几于无置足地。水面画楫，栉比如鱼鳞，亦无行舟之路，歌欢箫鼓之声，振动远近，其盛可以想见。

▲清·郎世宁《十二月令图·五月竞舟》

此番景象，真可以说是“西湖竞渡”的真实写照。西湖两岸更是人声鼎沸，人们都是被“歌欢箫鼓”、龙舟竞渡的浩大场面所吸引过来的！喧闹狂热的节日氛围，甚至掩盖了寒食节本身的意义。

清明节又称“禁烟节”，往往在清明那一日的前后各十天都是禁烟期，这源于清明寒食时有民间禁火的习俗。宋代向来重寒食节，元日、寒食、冬至在那时被定为三大节日，因此南宋寒食有七日长假，是以清明节当日为中心，前后各三日。禁烟禁火吃冷食，假日悠悠去寻春，市井之娱乐自然是更加热闹的了。少男少女纷纷外出探春寻梦，湖上龙舟十多只，都插满了彩旗，放好了新鼓，鼓乐声响彻云霄。又有京尹大手笔的立赏，龙舟竞相争标，观众挤满了湖岸两堤，甚至都没有可以立足的地方，无论湖中还是岸上，都是一派热闹喧腾的场面。真如周密所云：“看画船尽入西冷，闲却半湖春色！”

龙舟竞渡，早在战国甚至更早的时期就已经在吴越、荆楚、巴蜀等地流行开来。古人习惯赋予一些仪式深刻原始而又切合实际愿望的意义，龙舟竞渡也不例外，在最初的记载中我们发现了它所隐含的原始蕴意，也就是关于龙舟竞渡的起源。“龙舟”一词最早见于西周的历史典籍《穆天子传》卷五：“天子乘鸟舟、龙舟，浮于大沼。”是说天子乘坐在龙鸟形状的大舟之上。晋代郭璞解释说，这种样式的大船，其实就是以龙鸟的形状所制，吴地的许多青雀舫就是如此。又《楚辞·九歌》记载：“驾龙辀兮乘雷，载云旗兮委蛇。”驾驭着龙车行进在苍穹之上，载着变幻的云彩曲折斜行。说明秦汉以前龙舟就已经出现。

然而舟为何总是与龙的意象结合在一起而成为一种象征呢？

远古时候，中华大地上到处布满沼泽。生产力落后的人类在自然灾害面前无能为力，需要用猛兽来作为自己的图腾以求神灵的佑护。闻一多《伏羲考》中说：“龙这种图腾，‘是只存在于图腾中而不存在于生物界中的一种虚拟的生物，因为它是由许多不同的图腾糅合成的一种综合体’。”在商周时期的许多文物卜辞中，我们也看到龙渐渐带有了神性，人们将越来越多的愿望转移到龙图腾中，其中最迫切的愿望是祈雨或止雨。

《左传·昭公二十九年》：“龙，水物。”《管子·形势篇》：“蛟龙，水虫之神者也。”《吕氏春秋·召类》说：“以龙致雨。”当干旱来临，人们会使用龙形道具列队到处游转；如果持久降雨不停息，那么龙神又会被锁押起来直到雨停为止。英国著名的民俗学家J.G.弗雷泽在《金枝》一书中就这样描述中国人对巫术的观念：“中国人擅长于袭击天庭的法术。当需要下雨时，他们用纸或木头制作一条巨龙来象征雨神，并列队带它到处转游。”在祖先的眼中，巨龙就是雨神。随着龙渐渐地被神化，人们对龙的信仰也越来越强烈，它管理着风调雨顺的运筹，也是驱邪避疫的神灵。而龙舟竞渡这样的仪式，在先民看来就是最有效的消灾祈福的方式。

▲ 艾草

竞渡就是在水中进行划船比赛，为何竞渡被选择在五月这样令先人嫌恶的时候呢？《荆楚岁时记》里说：“五月五日，为之浴兰节。……采艾以为人，悬门户上，以禳毒

气。以菖蒲或缕或屑，以泛酒。是日竞渡，采杂药。”这里的浴兰节是指端午节。这天竞渡是一项明确的节俗活动，除此以外，还要采下艾草悬挂在门上来祭祷消除灾祸。五月芒种之后，有说法是阳气渐亏，阴气将萌生，所以在端午节时最利于驱走邪气阴气，带走不祥之兆。那么，在端午这天的竞渡，也就有了消灾避邪的效用。《武陵竞渡略》中也记载：“俗传竞渡禳灾。”《风俗通》亦云：“五月五日，以五彩系臂，辟兵及鬼，令人不病瘟。”人们选择五月来龙舟竞渡，用水中之神龙来驱赶邪气，由此将游戏竞渡引入到节日竞渡中来。

北方少水，自然是鲜有竞渡的仪式。但是北方也有端午驱邪避恶的习俗，大多围绕着与竞渡无关的食角黍、悬蒲艾的形式。家家户户门前悬挂艾叶，用酒或是水掺和艾草、菖蒲、雄黄这类中药材来饮用或者清洁居室以防毒虫侵扰，妇女则多佩戴艾虎、彩珠，还有精心缝制各种样式的香包，诸如粽子、老虎、蝴蝶、寿桃等等形状，内里装满了中药香料，为的也是驱除毒邪之气。

▼香袋

▲挂艾草

▲ 画额

南方的端午节习俗有许多，除了赛龙舟还有吃粽子、喝雄黄酒等等。难怪汪曾祺在文章中写下了家乡高邮的端午习俗——做香角子、贴五毒、贴符、挂“鸭蛋络子”，又或者是放黄烟子、吃“十二红”（指十二道红颜色的菜）……

端午节里流传着吃粽子和赛龙舟习俗，传说是源于纪念屈原。楚国诗人屈原投汨罗江而死，百姓哀痛万分，便自觉地来到汨罗江边去凭吊，往江中投以粽子和雄黄酒，划着龙舟来哀思屈原以示纪念。然而端午赛龙舟的习俗并不仅是如此。《荆楚岁时记》中记载，说春秋楚人伍子胥和越王勾践也都与竞渡有些渊源，因而端午节龙舟竞渡为了纪念谁终究是不得而知。唐代诗人文秀有《端午》诗云：“节分端午自谁言，万古传闻为屈原。”

▲ 鸭蛋络子

龙舟竞渡最初或是为了某种纪念，而后更多的却是娱乐。唐代帝王穆宗、敬宗、高祖、玄宗都是赛龙舟的爱好者。唐宝历元年（825），唐敬宗就曾下令地方官建造二十艘竞渡船。君王都是如此喜欢观赏竞渡，那么民间又怎会不热闹起来呢？

明末清初文人张岱曾在《陶庵梦忆》里回忆金山竞渡的景象：

西湖竞渡，以看竞渡之人胜，无锡亦如之。秦淮有灯船无龙船，龙船无瓜州比，而看龙船亦无金山寺比。瓜州龙船一二十只，刻画龙头尾，取其怒；旁坐二十人持大楫，取其悍；中用彩篷，前

后旌幢绣伞，取其绚；撞钲挝鼓，取其节；艄后列军器一架，取其锷；龙头上一人足倒竖，战敪其上，取其危；龙尾挂一小儿，取其险。

无锡的竞渡与西湖一样都是以观看赛舟的人多而出名，秦淮河划船比赛有灯船而无龙船。瓜州的龙船不仅做工精巧，而且以此地金山寺的竞渡比赛最为壮观。龙船的船头船尾都是龙的样子，船中间有彩篷，前后还有旌旗绣伞，锣鼓喧嚣，好不热闹。竞渡的水流十分湍急，波涛汹涌，浪花飞溅，龙舟竞渡好似群龙争斗，有驶入漩涡之中的，则奋力盘旋而出，惊险之余令人赞叹！也足以见得，龙舟竞渡已是民间众乐狂欢的形式了。

在历史长河中，龙舟的制作工艺和造型或许改变得并不多，而竞渡的方式却有了极大的差异。《东京梦华录》里记载北宋皇帝也亲临水殿观看龙舟竞渡，二十只小龙船并驾齐驱，又有飞鱼船、虎头船为三四十丈

清·袁江《闹龙舟》局部

长、三四丈阔的大龙船开道，皇帝和妃嫔则坐于大龙船中欣赏表演。大龙船上有层楼、馆阁和曲折的栏杆，并设有御座，船头上还有指挥，当号令一下，分为两队的小龙船则迅速布阵，争标竞渡。“标”有各种各样的东西，有的是织锦、银碗之类，也有的地方是用布条为标，谁能抢到“标”就是荣耀的事。

竞渡前需有送标的仪式，划船前一天夜里，准备牲酒并请巫师来作法。当然，争标竞渡结束后还有各类纪念活动，为胜者准备酒菜，邻里乡间也都来庆贺，写对联、小令和演戏也都是附属活动。如今，大多数地方的赛龙舟简化了赛前繁杂的各种祭祀仪式，一般都是点香烛、烧纸钱并摆以供品等。

现在的赛龙舟转而为一种民俗与体育活动的综合体，从过去的节日习俗转而为游戏性质的竞渡，赛龙舟已是民间百姓合作团结、奋勇争先的象征性活动之一。划船时两人并排而坐，采用坐姿划桨，每一个人划船的节奏都短促而有力，整齐而统一，人人都是主角，展现着一种蓬勃的力量与气势。融合了宗教、祭祀、娱乐、体育多种元素的传统节俗龙舟竞渡尽管在历史中不断地减弱其原始的宗教蕴涵，然而现代化进程的加快也使它拥有了新的姿态。

哥舒开府设高宴，
八珍九酝当前头。
前头百戏竞撩乱，
丸剑跳掷霜雪浮。
狮子摇光毛彩竖，
胡腾醉舞筋骨柔。
——唐·元稹《西凉伎》

# 舞狮

唐代有两首《西凉伎》流芳千载。“狮子摇光毛彩竖，胡腾醉舞筋骨柔。”元稹所作的《西凉伎》描述的“狮舞”与“胡腾舞”是中国狮舞文化的源头，也是中国传统舞剧的最早雏形。而白居易的《西凉伎》诗中生动地描绘了“西凉伎”的内容、演出形式：“假面胡人假狮子。刻木为头丝作尾，金镀眼睛银贴齿。奋迅毛衣摆双耳，如从流沙来万里。”个中的“狮子”，就是杂耍技艺中的狮子舞。遍体光彩又摇摆着双耳、忽闪着金眼，任是谁也禁不住被这威武灵动的狮子舞所吸引，更何况在早期娱乐活动较为匮乏的时代。

> 四月四日，此像常出，辟邪师（狮）子，导引其前。吞刀吐火，腾骧一面；彩幢上索，诡谲不常。奇伎异服，冠于都市。像停之处，观者如堵，迭相践跃，常有死人。

这是《洛阳伽蓝记》中记载的北魏时期佛教最为隆重的“行像”活动，行像是指在佛诞日这天用宝车载释迦牟尼佛像巡行城市的一种礼佛仪式。民

间杂耍舞技艺人披挂着狮子样式的华服在队伍前面表演与引导，浩浩荡荡，甚为壮观，似乎是为佛像驱邪布道、保驾护航。

在神秘的自然物面前，生产力低下时期的人类总是容易产生畏惧心理。越是畏惧，自然也越容易形成反畏惧的抵御和崇拜。就像猛兽一到，“三千里鸡犬皆伏，无鸣吠”，狮子的一声怒吼便如雷震耳，“百兽为之辟易”。于是，在畏惧与禁忌中，祖先将狮子作为威猛力量的象征。晋代葛洪《抱朴子》曰：“……又有神兽，名狮子辟邪、天鹿羔羊，铜头铁额、长牙凿齿之属，三十六种，尽知其名，则天下之恶鬼恶兽，不敢犯人也。”是人赋予了狮子辟邪御凶的神性，也因为有了这样的集体原始寄托，人们对外界的惧怕渐渐弱化了，他们习惯也喜欢用这样的物象和行为来寻求安全感。

每逢年尾岁末，乡民们敲锣打鼓，用舞狮来为新年祈福。人们还喜欢在过年时，往门上贴狮子形象的年画和剪纸，有狮子滚绣球、狮子招财进宝等图案，增添了许多喜庆的气氛，更是为了祈福和吉祥。

南京的明孝陵有一条六百多米长的神道，狮子、獬豸、骆驼、象、麒麟、马这六种被民间所敬仰的神兽就坐落两旁。每到深秋，簌簌的榉树、银杏、梧桐落叶铺满园林，这十二对石像透过晚秋的阳光安然地守卫着这片宁静之地，

明孝陵神道

如此肃穆，又如此安详。

现代也有讨喜的狮子，寺庙、陵墓，甚至一些银行、酒楼大门前总会安然自在地端坐着几尊偌大的石狮子，庄严威武，好不威风。

崇拜狮子也是因为人们希望能够从中得到心理上的慰藉。舞狮慢慢成为一种大众表演风俗，而不仅仅是带有宗教色彩的活动。

对于舞狮之滥觞是模仿狮子的娱乐性舞蹈还是宗教仪式，至今未有定论，这与中国古代是否本就有狮子的问题密切相关。然而，中原地区并非狮子的原产地，狮子产于西域。据考证，狮子在中国最初并非称为“狮子”，而是被叫做“狻猊”，自汉代始称为“师子”，而自隋唐以后逐渐变成加上反犬旁的“狮子”。随着西汉张骞出使西域后，魏晋南北朝至隋唐时期，西域各国常向中原进贡狮子。《魏书·西域传》记载：

> 西域康居、于阗、沙勒、安息及诸小国三十许皆役属之，号为大国……正光末，遣使贡师（狮）子，至高平，遇万俟丑奴反，因留之。丑奴平，送京师。

这里就记载了万俟丑奴半道中截留贡狮之事。西域毕竟是狮子产地，东起疏勒（位于今新疆维吾尔自治区西南部），西至大食（即现在的阿拉伯）、拂菻（中古史籍中对东罗马帝国的称谓）都是狮子的出产地，到唐代时供奉

▲《文殊菩萨骑狮图》

狮子及狮制品更是络绎不绝，而这也被视为两国外交的重要事件。

说狮子能被人调教驯服似乎一点儿也不为过。人类曾骄傲于征服了马，从此将剽悍而豪迈的气质服从于主人的心意；而在更威猛的狮子身上，人类依然表现出征服的力量。在宗教传说里，文殊菩萨是骑着狮子出现的；在世俗社会中，君主以戴狮子王冠、坐狮子座椅为荣，这些都是人类与猛兽较量的缩影。终于在驯狮的现实生活基础上，产生了舞狮的艺术形式。

《旧唐书·音乐志》记载："太平乐，后周武帝时造，亦曰五方狮子舞，缀毛为狮，人居其中，像其俯仰驯狎之容。二人持绳秉拂，为习弄之状。五狮子各立其方位，百四十人歌太平乐。"那时的五方狮子舞是唐代对舞狮的一种叫法，青赤黄白黑按金木水火土五行来划分，中央方位和黄色是至尊无上的象征，五色狮子在五个方位俯仰起舞，表演各种戏耍的样子，和现在的舞狮已经并没有太大区别。

在唐代，五方狮子舞已经成为十部伎之一，由太乐署统一管理。并且，只有宫廷中举行大型庆典时方可演出。到唐玄宗时，十部伎分为坐部伎和立部伎，狮子舞归属于立部伎中的龟兹部。龟兹乐舞源于西域，它带有浓浓的异域风格，而西凉伎则是在龟兹伎基础上改良而成，因此也便有了文章开篇时的两首《西凉伎》。如此一来，舞狮与西域及唐千丝万缕的联系就有了可释之处。

但是，唐代的舞狮活动可不是那么随意的，只有朝廷在一些重要的庆典活动时才会表演，“非朝会聘享不作”，所以舞狮在早期并不普及。

宋代注重水军演习，不少游戏也以水中表演的方式来呈现，例如水秋千、弄潮、傀儡戏等等，于是在水中搭船进行舞狮表演也成了市井百姓喜闻乐见的艺术形式。清代舞狮表演又将难度加大，甚至在四十条板凳摞起的高架上舞狮采青。此时的舞狮已经将舞蹈、杂技和武术融为一体，真是花样繁出。《京都风俗志》里这样描写：

> 太少狮以一人举狮头在前，一人在后为狮尾，上遮阔布、彩色绒线，如狮背皮毛状，二人套彩裤作狮腿，前直上，后伛偻，舞动如生，有滚珠、戏水等名目。

外形神似真狮是北方狮子舞的特点，表演起来神情兼备、灵动雀跃，有时候还会有小狮子紧随身边玩乐，这是与威猛的南狮最大的差异。有两人配合一齐表演的，一人扮作一头小狮，另一人扮作武士，举起花球引导着小狮，小狮就随势起舞。北狮的动作主要是跳跃、翻腾，无比轻巧灵活，所以配乐也是以小锣、小鼓和小钹为主。河北保定双狮、安徽的青狮都是有名的北狮。

相传在北魏武帝远征甘肃河西的时候，把当地的俘虏囚困边荒三年之久。一日，武帝巡视，边将设宴款待，并令胡人表演节目作为娱乐。胡人以木雕兽头表演，又披上狮子样的兽衣，欢腾雀跃地跳舞，令武帝大悦。武帝随即赐名“北魏瑞狮”，意味着有祥瑞之兆，并恩准囚徒回到自己的故土。后来，狮子舞就在北方传开了，也就有了北狮的名称。

南狮以广东狮最具特色，额高而窄，眼大而能转动，威风凛凛。南狮表演的时候，“咚咚咚”“锵锵锵”，大锣大鼓一齐响，震到云霄之外，所以南狮也称为“醒狮”。南狮还有采青的主题，所有纷呈的技艺都围绕着采青，边舞动边采青，意味着吉祥如意、消灾纳福。

现代舞狮在继承了传统技艺的基础上不断地增添时尚的元素，无论是国家的节日庆典还是民间私人化的活动，舞狮都在以它新时代的面貌迎接人们。

▲ 清·冷枚《百子图》局部

碧山影里小红旗，
侬是江南踏浪儿。
拍手欲嘲山简醉，
齐声争唱浪婆词。
西兴渡口帆初落，
渔浦山头日未欹。
侬欲送潮歌底曲，
尊前还唱使君诗。

——宋·苏轼《瑞鹧鸪·观潮》

# 弄潮

人类总是钟情于在挑战自然的过程中获取一种无畏又适度浪漫的满足，在受季风影响的夏威夷，冲浪爱好者无疑是一整个夏季里最懂得驰骋驾驭神秘海浪的人。从火奴鲁鲁岛至能冲起七米海浪的秘鲁海滩，冲浪的时代一直没有远去。

世界有冲浪，中国则更有弄潮。

弄潮讲究技法，却绝非文人舞墨那般追求静雅，求的便是“万马突围天鼓碎，六鳌翻背雪山倾”的雄豪之势。清代李斗的《扬州画舫录》里有记载，相传弄潮于春秋时兴起，初盛于山东，汉代以后盛于扬州，唐宋时盛于浙江，而在南宋时期，弄潮已经发展成为一种风俗。大概是由于弄潮这一项目太受市井百姓追捧，以至于每年的农历八月中旬就有了“钱塘郭里看潮人，直至白头看不足”的观潮之风。

▲宋·夏圭《钱塘秋潮图》

“浙江之潮，天下之伟观也。”东晋顾恺之于《观涛赋》中曾描写了钱塘潮水之奇观：“临浙江以北眷，壮沧海之洪流。水无涯而合岸，山孤映而若浮。既藏珍而纳景，且激波而扬涛……”到了宋代，观潮甚至成为了一种极具风尚性的活动，全城皆空也就不足为奇了。钱塘江潮实际四季常涌，以农历二月与八月最盛，只因二月“天色尚寒，弄潮儿难以久狎于水，故是月之潮无所称道。八月乍凉而天色犹热，弄潮儿得尽其技，人情久厌城居，故空巷出现，以此独称八月潮大耳”（《会稽续志》）。

农历八月十八，相传是“潮神”的生日。郡守必以牲醴来作祭祀。那一天，城中百姓倾城而出，簇拥在庙子头、凤凰诸山直至六和塔沿江的江岸一带。南宋周密在《武林旧事·观潮》一文中描述了观潮的盛况：江岸上下游十多里的地方，满眼都是穿着华丽服饰的观众；车马堵塞道路，许多物品的价钱比平时要高出很多倍；租用看棚的人非常多，中间即使是一席之地也不容有。宋时的观潮活动就已那样隆重而又具有全民性，想必较之如今的海宁盐官观潮还要略胜一筹。甚至于帝王后妃也耐不住性子，在凤凰山御花园设置了帷帐想要一睹大潮风采，足见当时观潮场面热闹非凡。

观潮仅仅临江而待是不够的。农历八月适逢京都临安府长官到浙江亭教阅水军，水师检阅例同现在的阅兵式，数百艘战船摆开阵式进行操演；另外还有水戏、击球、弹词等娱乐性的技艺表演。“优人百戏，击球、关扑、鱼鼓、弹词，声音鼎沸”。这样的八月，想必是谁也不愿寂寞地在院落赏花，独自闻罢桂花香的了。

有了平民的参与，观潮才不至于孤寂和冷清。《武林旧事》中曾专门列有当时“弄水人”的名单，例如“哑八”“谢棒杀”“画牛儿”“僧儿”，都被归类为“诸色技艺人”，也称“赶趁人”。《武林旧事·西湖游幸》中就详述了春日里人们外出探春寻春之象，市井之热闹自然是不必多言的，“歌妓舞鬟，严

妆自炫，以待招呼者，谓之‘水仙子’。至于吹弹、舞拍、杂剧、杂扮、撮弄、胜花、泥丸、鼓板、投壶、花弹、蹴鞠、分茶、弄水……不可指数，总谓之‘赶趁人’，盖耳目不暇给焉”。南宋的娱乐活动竟是如此繁盛，不能不令人赞叹！而个中“弄水”，所言即是弄潮。而将弄潮这样大型的水上表演当作是平日里并不稀奇的活动，也足见南宋游艺的水平之高了。难怪有词云：“一春长费买花钱，日日醉湖边。”如此美景，怎能不令人流连忘返呢？

弄潮并不是寻常杂耍的游泳表演而已，更像是一场与潮浪的格斗，胆魄与技艺是最考验人的。他们往往手擎巨擘，踏浪出没于“鲸波万仞中，腾身百变，而旗尾略不沾湿”。句中的修饰色彩尽管不免夸张，然而其所呈现的弄潮雄伟之景象却是真实可感的。

▲ 清·董邦达《弄潮图》

苏轼《瑞鹧鸪·观潮》里有云：“碧山影里小红旗，侬是江南踏浪儿。拍手欲嘲山简醉，齐声争唱浪婆词。”即便是偶有沉没于江潮之中的情况，也难以掩盖人们对于弄潮的热情。辛弃疾的《摸鱼儿·观潮上叶丞相》中“吴儿不怕蛟龙怒，风波平步，看红旆惊飞，跳鱼直上，蹙踏浪花舞”，此般豪壮健姿，着实让人惊佩。到底是“吴儿善泅”！

泅水，也是一门艺术。江浙一带的人们大多谙熟水性，但若要在潮峰之上戏水拼搏，又该是需要多么高超的技艺呢？在大潮袭来时，浪尖甚至高过“数十丈”，表演各式技艺的难度可想而知了。风与浪，人世与年华，有时也不免让人感叹世事的起伏跌宕。

南宋淳熙十年（1183）八月十八日，宋孝宗与太上皇（宋高宗）在浙江亭观潮。太上皇兴致一起，令侍宴官各赋观潮诗一首，吴琚的《酹江月》过关斩将为第一。词云：

玉虹遥挂，望青山隐隐，一眉如抹。忽觉天风吹海立，好似春霆初发。白马凌空，琼鳌驾水，日夜朝天阙。飞龙舞凤，郁葱环拱吴越。

此景天下应无，东南形胜，伟观真奇绝。好是吴儿飞彩帜，蹴起一江秋雪。黄屋天临，水犀云拥，看击中流楫。晚来波静，海门飞上明月。

▲ 宋·李嵩《月夜看潮图》

此词妙哉，妙在不仅将江潮水浪的来去澎湃写得姿态万千，将观潮者、水军和弄潮人都刻画得精致生动，更妙在其将高宗与孝宗的对话隐露在词中，并暗合孝宗恢复中原之志。

吴琚的夺魁或许也为观潮活动的兴盛找寻到了合理的解释。南宋时期的观潮习俗隐约地透露着一些社会信息。伴随着宋都的南迁，临安汇聚了四方之文化，也同时将北方的尚武之风与南方的娱乐技艺融合在一起，更让市井百姓感受到了新鲜多变又意趣盎然的生活方式。每年春秋，两次水军检阅作为观潮盛会中的重要组成部分，可以说在某种程度上也是南宋王朝耀武扬

▲ 清·袁江《观潮图》局部

威、振奋民心的一项活动。然而，千年之后，剩下的只是文人墨客的秋思。

农历八月十五中秋月下的思乡之情，潮落潮生的离愁别绪，总是让人难以排遣。难怪陆游写下了《一落索·识破浮生虚妄》，以观潮自况："此身恰似弄潮儿，曾过了、千重浪，且喜归来无恙，一壶春酿。雨蓑烟笠傍渔矶，应不是、封侯相。"

地理在变迁，时光在流逝，钱塘江潮依然汹涌澎湃，隐现于水波之际的弄潮儿虽已不复当年，但我们仍然可以在八月十八观潮时节眺望江潮，听涛漫想。

三尺生绡作戏台，
全凭十指逞诙谐。
有时明月灯窗下，
一笑还从掌握来。
——宋·惠明和尚《手影戏》

# 皮影戏

走过喧嚣跌宕的人生之路后，人们总会驻留在道途的尽头，望一眼转瞬流逝的过往与青春，不免感叹：人生如同一场皮影戏。

时而，你是玩偶的操纵者；时而，你又陷入如同玩偶一般被不可而言的力量所操纵着的境地。戏如人生，人生如戏。“隔帐陈述千古事，灯下挥舞鼓乐声。奏的悲欢离合调，演的历代忠奸恶。三尺生绡作戏台，全凭十指逞诙谐。一口道尽千古事，双手对舞百万兵。”故而人们愿意用皮影戏来写实人生百态，愿意将人情世故与喜怒哀乐融汇在一张小小的牛皮纸当中，不断地演绎，不断地沉思。

皮影戏，是一种以兽皮或纸板做成的，并借用光与影的自然科学原理来呈现故事的戏剧形式。它是中国民间古老的传统艺术，与其他戏剧形式最大的区别在于皮影戏完全是平面化的艺术，而诸如话剧、歌剧、木偶戏等其他戏剧则都是立体呈现的。也正是这一特点，使皮影戏成为中国乃至世界戏剧艺术里的瑰宝。

皮影戏从有文字记载，至今已有两千多年的历史。宋人高承《事物纪原》卷九“影戏”词条曰：

> 故老相承，言影戏之原，出于汉武帝李夫人之亡，齐人少翁言能致其魂，上念李夫人无已，乃使致之。少翁夜为方帷，张灯烛，帝坐他帐，自帐中望见之，仿佛夫人像也，盖不得就视之。由是世间有影戏，历代无所见。

西汉有位佳人，风姿绝世，亭亭玉立，有倾国倾城之貌，她便是汉武帝刘彻的宠妃李夫人。李夫人不幸染病早逝，武帝悲痛不已，以皇后之礼将其安葬，思念心切神情恍惚，终日不理朝政。忽然有一日，汉武帝梦见了日思夜想的李夫人，便召来方士李少翁，希望能用招魂的办法再与心爱之人团聚一回。方士，又叫神仙方术之士。齐人李少翁花费十年之久，寻到了能够让魂魄依附的奇石，并精雕细琢成李夫人的模样放在帷幕轻纱之中。当黑夜降临之时，李少翁在帷幕里燃起灯烛，而武帝则坐于帐外。果然，灯烛亮起的时候，恍如李夫人再世，武帝就这样久久地凝望。正如诗云：“张灯作戏调翻新，顾影徘徊却逼真。环佩姗姗莲步稳，帐前活现李夫人。”这个载入《汉书》的爱情故事，被认为是皮影戏最早的起源。

上文李少翁的弄影实际上是一种招魂巫术。因此，也有人认为皮影与宗教有所关联。现代历史学家顾颉刚认为，皮影戏起源于宗教，它带着“中国的佛教”的浓厚色彩。传说，观音菩萨为了劝化世人，讲经布道，摘下竹叶随手摆弄成各种有趣的动作和人形，并设帘幕为屏障，在幕后用竹叶起舞，在油灯的映照下，演绎出各种佛教故事，也因此吸引了众多人前来观赏听经，于是影戏就这样产生了。

无论是巫术还是宗教仪式，皮影戏的确经历了漫长的发展过程，同时在其留传的岁月里，给人们的生活注入了休闲的元素。宋代孟元老的《东京梦华录》写道："逢节庆日，每一坊巷口，无乐棚去处，多设小影戏棚子，以防本坊游人小儿相失，以引聚之。"每逢节日，人们设立许多影戏棚子，既能够让大家观赏表演，又可以防止孩子走散。周密的《武林旧事》中也记载着当时南宋都城临安的正月十五元宵节娱乐活动："元夕……一入新正，灯火日盛……自此以后，每夕皆然。三桥等处，客邸最盛，舞者往来最多。……姜白石有诗云：'灯已阑珊月色寒，舞儿往往夜深还。只应不尽婆娑意，更向街心弄影看。'"在灯火辉煌的元宵夜，"或戏于小楼，以人为大影戏。儿童喧呼，终夕不绝"。显然，影戏在宋代已经成了家喻户晓、喜闻乐见的节日元素。

那时，人们闲暇消磨时光的好去处就是去"绘革社"看影戏，仿佛如今都市人隔三差五地赴约电影院。有演出则必有名流大腕，当时社会上也有受人追捧的技艺人，就像如今好莱坞大片热潮起来的时候，粉丝们还愿意购置明星海报、贴纸、明信片等等，《东京梦华录》和《武林旧事》多有文字记载，透露出宋代皮影戏的繁盛。比如在"市食"上可以找到吃的"鱼肉影戏"，元宵庙会上还有售卖"如戏剧糖果之类：行娇惜、宜娘子……影戏线索、

傀儡儿”等商品，好不热闹。

不同的地域也造就了不同的流派类型。中国皮影戏的发源地为陕西，陕西地处黄河中游，其省会西安又曾是十一朝建都的古城，古老的皮影艺术正是在此发展起来。陕西皮影主要用牛皮雕刻，在造型风格上分为东西两派。东路造型以碗碗腔为代表，形体小巧；西路造型则以弦板腔为代表，其形体较大。一个影人大致分为头、胸、腹、双臂、双手、双腿等十一个部分，制作时在胸部和双手各安上三根签子来表演，为了灵活，腿部往往是不固定签的，所以我们看到的陕西皮影戏里人物总是飞快地呼来闪去，也是一大特色。陕西腔调纷繁，比较普遍的有老腔、碗碗腔、阿宫腔、弦板腔和秦腔五大调。而后，河北唐山、滦州地区的皮影戏脱颖而出，《双失婚》《金石缘》《五峰会》《镇冤塔》则堪称“老四大部”经典影戏。时至今日，中国皮影戏已在全国流行。尽管规模不及过去，但是在20多个省区内还能见到影戏演出。

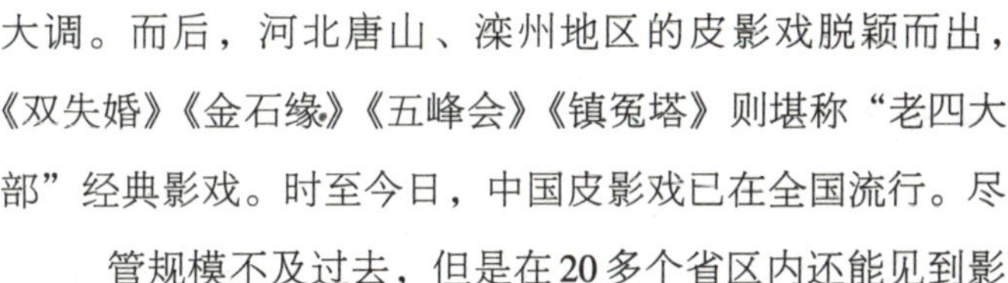

当然，除了有地域色彩的影调之外，也有唱工跟着人戏走的，影戏班子走到哪儿就借用当地戏曲的唱腔。比如戏班子到了成都，就用当地的川剧腔调来演，十分迎合观众的喜好。

人们之所以如此热衷于看皮影演出，大概与其精巧的造型和有趣的平面动态相关吧。南宋耐得翁的《都城纪胜》里这样说：“凡影戏乃京师人初以素纸雕镞，后用彩色装皮为之。”不难发现，最早的影人是用素色的纸制作的，后来改进工艺后选择了一些羊牛之类的兽皮作为原材料，并描画色彩，使其

艳丽活泼。皮影的好处自然是耐用坚固，羊皮的透明程度又高，绘上彩色之后也不易褪色，保存起来也方便。影戏艺人往往走到哪儿都离不开肩背上的一个皮箱，箱子里仿佛装满了各色玲珑的精灵们。宋代《百宝总珍》里有记录：“大小影戏分数等，水晶羊皮五彩装……影戏头样并皮脚，并长五小尺。中样、小样，大小身儿一百六十个……”小小一个皮箱里竟然装满了上百个不同的影人造型，不能不叹服宋代影戏所达到的繁盛程度。

羊皮薄却不韧，手工艺人便多改用牛皮或驴皮。制作小小一个影人，其工序也是极其复杂的，要经过制皮、描样、雕镂、着色、熨平、上油和定缀七个步骤。制皮时，以新宰的牛皮最佳，用清水洗净并浸泡数日，再用工具反复刮干净并阴干以待描样；而又数雕镂最难，镂刻讲究技法，用多种工具精心雕琢，与篆刻相似，丝毫不可马虎；最后，把所有的零部件组装起来，在各个关节上都按好钉子，影人的灵活程度往往就在于这些精巧的装置了。真人一般的跑、跳、坐、立、卧、爬、滚、打，百般姿态，无所不能。影人的颜色则基本以红、黄、绿、黑、白五色为主，充满怀旧意味的色彩已经不需要追求复古的时尚，因为它本身就是一种经典，散发着浓浓的年画味儿。仿佛，这乐声一起，这影人一动，记忆中深远古旧的传统元素都伴随着最温暖的国与家的味道缓缓而来。

清代的北京，皮影戏已很普及，除深受百姓欢迎外，还进入到宫廷。康熙时，礼亲王府设有八位食五品俸禄的官员专管影戏。嘉庆时，逢年过节等

喜庆日子还传皮影班进宅表演。当时的北京影戏班白天演木偶，夜晚则于堂会唱影戏，有不少京剧演员也参加影戏班演出。

还有一种艺术游戏与影戏相似，那就是手影戏。不需要工序复杂的道具，也不需要舞台与帷幕，只需要一盏灯烛，甚至一轮明月的光影，就可以玩耍起来。通过手指与手腕的千变万化的造型，把影子投在任何的地方，创造出无穷的事物形象，这样的手影最受孩子们喜爱。活蹦乱跳的兔子、凶猛异常的老鹰、憨态十足的小狗等等，孩子们常常能在地上、墙上寻找到乐趣，而现在孩子们的童年也依然不会缺少手影戏的欢乐。

结合了戏剧、音乐等多种艺术表现手段的皮影戏，在18世纪中叶传到了欧洲。1767年，法国传教士把它带回了法国，一经演出便轰动了。中国皮影戏对丰富世界艺坛作出了独特的贡献。2011年，中国皮影戏入选人类非物质文化遗产代表作名录。如今，影戏的生存方式也在时代的涤荡中逐渐多元化，寻求更加适合当代的发展道路。在这些历史的色彩中，唯有传统的真实挥之不去而成为永恒的艺术灵魂。

殿前铺设两边楼，
寒食宫人步打球。
一半走来争跪拜，
上棚先谢得头筹。
——唐·王建《宫词》

## 捶丸

诚如“芳春永昼，长夏留阴，秋朗气清，冬晴雪霁”，这样或那样的时代里，任何事物都有它变化的轨迹，古老的捶丸之戏在演变过程中也寄托着不同时代人们的一份情怀。

“城间小儿喜捶丸，一棒横击落青毡。纵令相隔云山路，曲折轻巧入窝圆。”这首诗描写的就是古代儿童捶丸的场景。

捶丸之“捶”是击打之意，“丸”即小球，捶丸就是用棒杆击球以使其入指定的地点，是我国古代的一种球类游戏，可以说它是现代高尔夫球的祖先。

唐代就有了捶丸之戏的早期形制，但那时的游戏规则往往还要复杂得多。唐代盛行球类运动，有代表性的蹴鞠是一类，马球则是另一类。打马球难度较蹴鞠要大许多，除了基本的击球技巧之外，还需要练习骑马技术。捶丸的前身是唐代马球中

▲ 宋·苏汉臣《蕉阴击球图》

◀ 宋代绞胎捶丸一对

的步打球。当时的步打球类似现代的曲棍球，有较强的对抗性。球的材料与蹴鞠所用之料并无太大差异，但球的形状较小，仅拳头一般大，外面涂上彩色花纹就成了“彩球”“香球”之类；球杖是木质，“金锤玉銮千金地，宝杖雕文七宝球”，所用材料也是极为讲究。花蕊夫人《宫词》里说：“自教宫娥学打球，玉鞍初跨柳腰柔。上棚知是官家认，遍遍长赢第一筹。”其实，驯马又怎是容易之事呢？马的野性往往让人难以驾驭，况且马背上的游戏并不适合于任何人，只能是贵族的专属罢了。又因为马球运动太过于激烈，践踏、伤亡的事故屡见不鲜，于是就出现了一种拿球杆徒步打的球类游戏，叫做“步打球”。

从马背上下来，一种触地的安全感便有了。步打球与蹴鞠略微相似，两边各设置球门，用棒杆击球，谁能击入各自球门便算获胜。在大多数人看来，步打球的玩法更加文雅，也似乎更接地气。

到了北宋，步打球由原来的同场对抗性竞赛逐渐演变为依次击球的非对抗性比赛，球门改为球穴，名称也随之改称为“步击”“捶丸”。

清明假期，正是外出沐浴春风的好时节。打马球、蹴鞠、捶丸也是寒食节期间最热门的游戏。修身、养性、道德、礼仪，仿佛都在捶丸之戏中得到诠释。捶丸这才真正成形。

捶丸在金、元、明时期更为盛行。上至皇帝大臣，下至三教九流，皆乐此不疲。元代宁志斋老人撰有上下两卷《丸经》。《丸经·集序》载：“宋徽宗、金章宗皆爱捶丸。”元人杂剧《庆赏端阳》中曾有道白：“你敢和我捶丸射柳比试武艺么?”可见当时捶丸和射箭一样是可以用以炫耀的才艺。宋代绘画《蕉阴击球图》表现的就是小儿捶丸场面。可见当时捶丸也深受少年儿童的喜爱。

《丸经》是专门论述捶丸的著作，记载了捶丸游戏的一系列内容，包括球场设置、器材准备、比赛方法、竞赛人数、裁判规则，甚至对比赛规则和挥杆要领也作了详细的记载。其序言有云：“收其放心，养其血脉，而怡怿乎精神者矣。不以勇胜，不以力争，斯可以正己而求诸身者也。”意思是，捶丸之戏可以收住不羁急躁的性情，又可以蓄养血脉、调养精气，所以捶丸游戏又可以拿来当作训将练兵的军事训练技法。

现存于山西洪洞县广胜寺水神庙的元代《捶丸图画壁》，反映的就是当时捶丸活动的情形，是对捶丸最形象、最完整的佐证。

要打出一手好球，光有好的球技还不够，这球棒还须是用起来得心应手的，与古人射箭讲究所备之箭一样。《丸经》中，就谈到了捶丸的选材问题：

取材之方，不可不察。秋冬取木，用其坚也；筋胶以牛，用其固也；竹取劲干，用其刚也；朴斫以时，用其柔也。

元代《捶丸图画壁》

▲明·商喜《明宣宗行乐图》局部(捶丸)

《考工记》中谈到古人为了制造一张完美无瑕的弓箭，遵循着严苛的工序。同样的，执着的中国人对于物质的精益求精，也贯穿在一种道法自然的节律上。制造一根球棒，绝不能不重视其方法。秋冬之季的木料最为上乘，因为秋冬的树木，富含树液的津气，所以木质是一年之中最为坚固的，不宜折损。又必须用牛筋来制胶，以使球棒牢固，而且在春夏天气暖和的时候，牛胶和牛筋比较容易调和，最便于制作球棒。南方的大竹比北方的刚劲厚实，可以用来制作球棒。仿佛唯有经过这样一番精密的雕琢，球棒才会附着大自然的灵气。

明代社会有一段时间的安定生活，统治阶级追求享乐，除了声色歌舞之外，捶丸是他们高雅的休闲活动。

在北京故宫博物院藏有一幅名画《明宣宗行乐图》，描绘的是几百年前的明宣宗在宫廷里的娱乐场景，宣宗或坐于亭内观看，或亲自下地游乐，射箭、蹴鞠、捶丸、投壶这些宫廷生活的真实图景也都一一呈现。全图的六部分中，唯有“捶丸”这组画面最令人叫绝，不禁感叹：莫非明代也曾流行过西洋的高尔夫?

其实这样说是不确切的。遥远的苏格兰东海岸的林克斯沙地上，大片大片的草地只能用于牧羊，当牧羊人偶然用一根小木棍击打小石头入兔子洞里时，高尔夫运动就受到启发了。但如果就此来确定中国古代的捶丸游戏是源自那片荒瘠的土地，恐怕并不能令人信服。15世纪时出现的西洋高尔夫，实在晚于明宣宗的捶丸图太久，而比起宋徽宗、金章宗则是更久远了。因此，捶丸很可能是在元代传入欧洲的。法国一位著名的东方学者莱麦撒根据大量的史料，考证出中国古代文化由蒙古人西征传入欧洲的种种史实。

再把视线拉回到这幅《明宣宗行乐图》，图上宣宗神情专注立在球场中，挥起球棒，准备击球。侍从站立两旁，或是捧着球棒，或是背着用具，或是举着彩旗。地上十个球洞各自都有不同颜色的小旗插着以示其位置。图里描绘的是皇帝尽情娱乐，放眼图外呢，即便是三教九流也没有不热衷这项游戏的。

捶丸的游戏规则十分严密，有分朋和单人对抗两种。分朋是四人以上的双数分成两队，单数则是单人对抗。若是分朋，那么一朋胜出的球多则是赢；若是不分朋，那么谁击球入洞多则是赢。说“洞”不如说“窝”来得更形象。《捶丸图画壁》中只看到一个窝，但《明宣宗行乐图》中的“捶丸图”却有十个窝，每个球窝边都插有旗子。这些窝的长和宽都不满一尺长，确定之后就在此处画上基准，然后开始捶丸。

侍从在《丸经》里称之为“伴当”，他们陪同主人捶丸，宣宗身边就有六七个伴当为其服务。比起如今高尔夫的简易行囊，古代的装备却要繁杂得多。主人需要根据不同的地形更换合适的球棒，扑棒、撺棒、杓棒各自不同，伴当就需要随时递给主人选用。明代著名画家杜堇所绘的《仕女图》中就画了女子捶丸的场景。伴当是侍女，大概需要表现等级的高低，所以伴当的构图要略小于主人。伴当拿着球棒站立一旁，捶丸的女子则微微弯腰，做出击球的姿势。女子容貌清秀，发饰精致，面庞略微饱满，而她们的捶丸服装却显得层层叠叠非常臃肿，虽然静雅翩翩，却有一种娇弱谦逊的气质。

▲ 明·杜堇《仕女图》局部

女子捶丸，多了一份精致与温和；男子捶丸，也不再强调健硕、敏捷的武者形象，转而为温厚敦雅的文人之气。在明代《秋宴图》中，众士人在庭院中弈棋捶丸、饮酒作乐，不失为一种理想的雅集。

天朗气清，惠风和畅，在酒足饭饱之后，无忧无虑之时，约上三五好友知己，来到庭院中作捶丸之戏，有时还带有赌资，“富不出微财，贫不出重货”，赌注的多少按照玩家的身份财力来定夺，富贵的人不当出吝啬的赌注，贫薄的人则不加倍赌注，量力而行，并不因赌博而影响情致。

▲ 明·佚名《秋宴图》局部

明朝覆灭后，清军入关，禁止百姓练武，捶丸之戏也因此逐渐衰落。朝代的更迭带来了文化心态的转变，从马背上一跃而下，吟诗诵古款款而来，游戏形式的发展也是历史的写照。日常生活的观赏心态在欲求的纷争中变得喧嚣不止，用平和的内心来看待所遭遇的荣辱，也是一种修炼。沐心修身，总该是你我匆忙一生中最需要缓下脚步来做的事。挥出一杆至遥至远，此刻便不再烦忧。

乐手无踪洞箫吹，
精灵盘丝任翻飞。
小竹缘何成大器，
健身娱乐聚人气。
——三国·曹植
《空竹赋》

# 空竹

城市是有生命的。它一道道深刻的掌纹里都载满了岁月流淌过的点滴故事。孩子们的欢笑声是最纯真的，让城市的每个细胞都充满了不可抗拒的跳跃气息。“杨柳儿活，抽陀螺；杨柳儿青，放空钟；杨柳儿枯，踢毽子；杨柳儿发芽，打梭儿。”这首传唱了几个世纪的童谣在四季的轮回中依然童心无限，明清两代的儿童游戏即便到了今天，还是同样有灵性。

空竹，古称胡敲、空钟、空筝。抖空竹，也叫作“放空钟”。明代中期，每当杨柳儿青起来时，就是儿童们围拢在一起抖空竹的时候了，它几乎成为北方春节庙会上必备的传统玩具之一，甚至还是杂技演员手里顺溜的绝活儿。不过，如今看来，最寻常的画面倒是在那些开阔的广场上，热爱空竹的大伯与广场舞大妈相映成趣，成为城市的一道风景线。

▲抖空竹

从曹植的《空竹赋》来看，我国抖空竹的历史至少可以追溯到三国时期。“精灵盘丝任翻飞”，把抖空竹的技巧描写得分外精准。宋代《武林旧事》《东京梦华录》等书中也有提及空竹，只

不过当时被叫作“弄斗”。而至于空竹的确切起源，至今已很难再去考证了。

明代刘侗、于奕正合著的《帝京景物略》一书中记载了空竹的制作方法及玩法：

> 空钟者，刳木中空，旁口，荡以沥青，卓地如仰钟，而柄其上之平。别一绳绕其柄，别一竹尺有孔，度其绳而抵格空钟，绳勒右却，竹勒左却。一勒，空钟轰而疾转，大者声钟，小亦蛣蜣飞声，一钟声歇时乃已。制径寸至八九寸，其放之，一人至三人。

剖开木头将中心挖空（其实是截一小段竹子），外形像个圆筒，两端用薄薄的木板和沥青封严。竹段上开出小孔，以便转起来的时候可以发出鸣声。一根木棒往中间横向穿过，作为转轴。另有一根带孔的竹尺，用粗线绳绕在上面，绳子一拉，空竹就会快速旋转起来。转起来的时候，就会发出悦耳的声音。遇到形状较大的空竹，发出的声音就像洪钟一样；而小空竹则是发出小昆虫蛣蜣飞舞时的细小声音。

这里所叙的空竹，恐怕更加接近如今孩子们玩耍的陀螺，因为它是在地上活动的，而非在空中挥耍。台湾学者秦孝仪在他所编的《海外遗珍·漆器》中，收入一件明代永乐年间的“剔红婴戏纹圆盒”，图中画有童子几人在小桥流水边玩乐，其中一人正在抖空竹，旁边一童子捂着耳朵在观看。若是此物属实，那么明代的空竹游戏应该是地上与空中皆有的。

▲“剔红婴戏纹圆盒”纹样

半空当中挥舞起手中的绳线，车轮样的空竹就跳起舞来了。“狗熊傀儡互喧阗，污粉淋漓

▲ 清·焦秉贞《百子团圆图》局部

跑旱船。抖起空竹入云表，千人仰面站沟沿。”清代的这首《厂甸正月竹枝词》就把正月里集会上百姓观赏抖空竹的场面描写得极为入神，跑旱船的、抖空竹的、表演傀儡戏的，精彩纷呈！空竹是要被抛上云霄的，所以用“抖”字更为出神。抖空竹的技巧，自然也比地上转陀螺难得多，但抖出的花样却更吸引人。“儿童以双杖系棉线拨弄之，俨如天外晨钟”，孩子们不太讲究，拨弄着两根线绳拉扯，无论怎样捣鼓，这空竹就是会发出动听的声音，好似回荡的钟声。

技艺人抖空竹的花样神奇莫测，“鸡上架”“仙人跳”“满天飞”“放捻转”都是常见的动作。最惊心动魄的是“蚂蚁上树”，空竹长绳的一端系在树梢上固定住，另一端握在技艺人手中；另有一人抖动一只空竹，忽然将飞旋的空竹抖向极高的半空，而待空竹落下时，又稳稳地接住。

抖空竹不但在民间流行，在清代皇宫中也曾盛行一时。清代无名氏的《玩空竹》诗写道：“上元值宴玉熙宫，歌舞朝朝乐事同。妃子自矜身手好，亲来阶下抖空中。”有注曰：“空中，玩器之一。近舞于京师，新年，王孙、贵姬擅长者皆为之。宫中妃嫔亦多好焉。舞式有‘鹞子翻身’‘飞燕入云’‘响鸽铃’等。”诗里的“空中”就是空竹，清代宫廷中流行抖空竹的游戏，不论是宫女还是妃嫔，也都耍起来有模有样，大概是为了消遣闲漫的时光。

空竹有单轮、双轮和楼子之分。单轮的空竹只有一个轮子，双轮则是木轴两端各有一轮。如今我们见得多的都是双轮空竹，耍玩起来也容易。还有几个发声轮叠加的楼子空竹，可叠于一边，也有两边都叠的。此空竹耍起来，平衡是难以掌握的，所以也只有高手才会想要去尝试它。大概人性总是如此的，愈是惊心动魄的技艺就愈发有吸引力，所以单轮和楼子空竹表演总是不乏热烈的掌声。

清末民初的《清代野记》里这样写道："京师儿童玩具，有所谓空钟者，即外省之地铃。两头以竹筒为之，中贯以柱，以绳拉之作声。唯京师之空钟，其形圆而扁，加一轴，贯两车轮，其音较外省所制，清越而长。"最流行空竹之戏的非北京莫属了，还有像剪纸、绢人、放风筝、捏泥塑，也都是老北京的传统民俗。外省人还给空竹取名叫"地铃"，另有"风葫芦""嗡子""响铃"这样的俗名，总之，都离不开空竹好听的声音。"欲怪蓦然天际响，落来知是抖嗡声"，空竹一抖，"嗡嗡"之声便打破了万籁之寂，也是有趣。

宋代时，空竹之戏的记载并不多，但玩法类似的陀螺游戏就很寻常了。甚至也因为他们的形制相近，人们认为空竹的前身就是陀螺。

陀螺在远古时代就出现了，最早的陀螺可以追溯到新石器时代。考古学家曾在江苏常州的新

▲ 单轮空竹

▲ 双轮空竹

▲ 楼子空竹

石器时期遗址中出土了木陀螺，山西夏县西阴村遗址中则出土了陶陀螺。为了延长陀螺的旋转时间，人们用鞭子抽击这些木制或陶制陀螺；再后来，改用竹制陀螺，并在上面开口利用空气冲击发出哨声，即“鸣声陀螺”，后来“鸣声陀螺”渐渐有了“空竹”的别称。

▲ 陀螺

陀螺在《武林旧事》中是被称作“千千”的：“若夫儿戏之物，名件甚多，尤不可悉数，如相银杏、猜糖、吹叫儿，打娇惜、千千车、轮盘儿……”其中的“千千车”就是陀螺。它只能在地上转去转来，却不能上天，这是与空竹最大的不同。《帝京景物略》里说，陀螺仿佛小空竹，但中间并不空，只需一根长长的绳子绕着陀螺，转起来了，再鞭一道，永不停止。

“杨柳儿活，抽陀螺”，初春时节最适宜陀螺游戏，那些耐得住冰天雪地的东北孩子，则最乐意在冰上嬉玩。陀螺猛地这么一抽，“咕噜噜”转得停不下来。尽管没有空竹清越好听的声音，但光是在地上旋旋回回的，也是足够有趣了呢。

文化是一个城市的根基，空竹的文化记忆既是历史的，也是现实的。流传了几千年的抖空竹在2006年被列入了第一批国家非物质文化遗产名录。北京宣武空竹文化广场落成时，一座全国最大的巨型铜质空竹雕塑被树于广场之上，非常醒目。

▲ 铜质空竹雕塑

如今，空竹也有了“溜溜球”这样的变形，大街小巷里都是孩子们玩耍的身影。然而，自动化玩具远不如抖空竹来的有味道，说是味道，其实更是一种情怀。

火树银花合，星桥铁锁开。
暗尘随马去，明月逐人来。
游伎皆秾李，行歌尽落梅。
金吾不禁夜，玉漏莫相催。
——唐·苏味道《正月十五夜》

# 烟花

几乎对烟花所有的幻想最终往往要回归到瞬间消逝的离合悲欢之中，美丽至极，过后便是无尽的黑暗。然而五彩缤纷的烟火到底是给了黑夜繁华和绮丽，让世代的人民能够一饱眼福，为之倾倒，为之赞叹。

每逢喜事和佳节，燃放烟花爆竹就成了小伙伴们最期待的游戏了，爆竹噼里啪啦的爆破声开启了孩子们的童年欢乐时刻。“烟花”与“爆竹”是花炮的两个发展阶段，但在宋以后就并行存在了。

烟花爆竹声声起，这起源还得归结于先人的驱邪除祟。我们的祖先在发现火的基础上渐渐崇拜火，从而火成为一种象征，借它来驱赶邪恶。东方朔所著的《神异经》里就有这样一个用爆竹驱走山魈的传说故事：

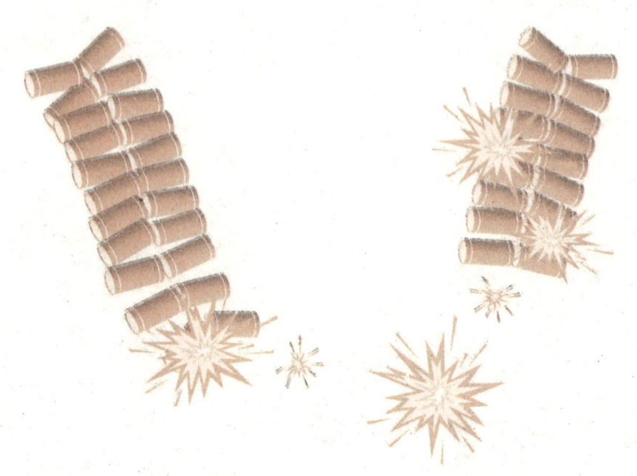

西方深山中有人焉，身长尺余，袒身捕虾蟹，性不畏人。见人止宿，暮依其火以炙虾蟹。伺人不在，而盗人盐以食虾蟹，名曰山臊，其音自叫。人尝以竹著火中，爆烞而出，臊皆惊惮。

这一记载说明，大约在西汉时期人们就已经擅长用“爆竹”来驱赶邪祟。又相传，更早时候村落里藏有一种怪兽叫作“年”，它头长犄角，面目狰狞，常常在喜庆的节日里下山来侵扰村民，甚至吃掉婴儿和孩童，令人惧怕不已。一次，年兽巧遇了穿红色衣裳燃放爆竹来取暖的村人，“噼噼啪啪”的爆竹声中火光漫天，吓得年兽奔窜而逃。人们知晓了年兽害怕爆竹声的习性，所以每逢年兽下山来袭时家家户户就燃放爆竹以驱赶它。终于，这样的习俗化而为“过年”，燃放爆竹也就流传了下来。

当时的爆竹制法极其简易，就是用火烧烤砍下的竹子，竹节中空受热膨胀，爆破声就出来了。南北朝时，人们已经将燃放爆竹作为节日里的习俗。南朝梁宗懔《荆楚岁时记》里也有类似的故事记载：“正月一日，鸡鸣而起，先于庭前爆竹，以避山臊恶鬼。”“噼噼啪啪”的爆竹声，不能不说给人们带来了新的气象。因此，“新历才将半纸开，小庭犹聚爆竿灰”，这火烧竹子一直延续到了宋朝。

有了爆竹而缺少艺术的美感显然是不够的，人们开始在视觉领域寻

找满足——对图案与色彩的追求。相传唐代的医学家孙思邈在炼丹中找到了秘方，炼制出了神秘的火药。火药就是烟花的前身。“火树千光照，花焰七枝开”“火树银花合，星桥铁锁开”，这里的“花焰”“火树银花”就是烟花，也就是花炮。

如果说烟花的出现是因为有了硝石、硫黄、木炭等等一些化学原料才可以光芒四射，那么锰的紫色、铁的绿色、钴的蓝色和镁的白色就是让一枚枚纸质炮仗能够惊艳绝伦的魔法棒。的确，在宋朝人们用纸质的爆竹逐渐替代竹制爆竹，它方便轻巧，更能迸发出五光十色的火花。终于有了烟花的世界，并且在满足种种目光的期待时，天马行空的想象也在诗里遍地开花。“东风夜放花千树，更吹落、星如雨。宝马雕车香满路”“火树银花触目红，揭天鼓吹闹春风”，在烟花的世界里，人们感悟到了时空、因果、现在、未来都消融在一瞬之间，对烟花的欣赏也成为一种永恒的体验。

宋朝人是如何享用这“火树银花”的呢？但凡元宵除夕这样重大的节日，烟花是必备的，还有像皇帝观海潮这些贵族式的娱乐活动也少不了烟花助兴。《武林旧事·元夕》中这样记载：“邸第好事者，如清河张府、蒋御药家，闲设雅戏烟火，花边水际，灯烛灿然，游人士女纵观，则迎门酌酒而去。”又记载：“宫漏既深，始宣放烟花百余架。于是乐声四起，烛影纵横，而驾始还矣。”南宋詹无咎《鹊桥仙》生动地描写了当时耍烟花艺人的绝技：

▲清·吴友如《爆竹生花》

龟儿吐火，鹤儿衔火。药线上、轮儿走火。十胜一斗七星球，一架上、有许多包裹。

梨花数朵，杏花数朵。又开放、牡丹数朵。便当场好手路岐人，也须教、点头咽唾。

宋代称民间艺人为路岐人。这般出神入化的表演也须是专门训练过的艺人才能达到的程度。梨花、杏花、牡丹朵朵齐放，将这夜幕也装点得华丽缤纷。而南宋之时就已有了如此高超精湛的烟花技术，真是不能不令人赞叹呢！

品种多样，这是宋代烟花最大的特点。其中有一种表演称之为“灯花婆婆”。“灯花”最开始是一粒小火珠，表演的艺人边演边说：“夫人，好耍子，灯花儿活了！”话音刚落，只见那灯花转了三四圈越转越大，转成一个碗口大的火球了，“咕咚”滚落到了地上。忽然“啪”的一响，灯花爆散了，散作了一颗颗闪亮的火星，满地铺开。而再走近一瞧，竟然走出一个老婆婆来！真是奇妙极了！

此外，在异彩纷呈的艺林，“药发傀儡”也颇有市场。傀儡戏是早有的，就是用木偶来表演各类故事。人在帷幕后面，与皮影戏一样操纵着木偶，再配以演唱和音乐，表现出各种故事情节来，西方的提线木偶就是如此。这药发傀儡则是在烟花工艺达到高峰的时候才出现的。“药发傀儡”又称火戏，顾名思义，用人偶傀儡作道具，其间加入各种烟花材料，表演的时候既有傀儡生动的演出，又有烟花迸射的视觉美感。

若不是药发傀儡有着巨大的市场，又怎会被载入《东京梦华录》等这些古籍中呢？北宋金盈之的《京城风俗记》里就记载过药发傀儡的表演。当时在临安，药发傀儡甚至多达七十多种，做工精巧，已到了极高的水平。

▲ 药发傀儡

宋代时，烟花还被制成了各种小玩意儿，“燕城烟火，有响炮起火、三级浪、地老鼠、沙碣儿、花筒、花盆诸制。有花草人物等形者，花儿名百余种，统名曰烟火”。到了清朝时，烟花样式的制作几乎发挥到了极致：伴着鞭炮声齐作，随后天空绽开“大光明”烟火，技艺人舞出一条青龙，口中喷射出大大小小的火炮，顿时大珠小珠错落满地，夜幕中还不时呈现出朵朵兰花竹叶状的烟花……

明代兰陵笑笑生的《金瓶梅词话》中有一处描写西门庆玩赏烟花的情景：只见那一丈五高的烟花柱冲向夜空，绽放出一只仙鹤来，紧接着，“彩莲舫”“赛月明”“紫葡萄”“霸王鞭”有着奇异名称的烟花接连涌上天去；又有“地老鼠”在人群里盘旋，“琼盏玉台”在手里转开，“银蛾金蝉”飞得巧妙，还有黄烟儿、绿烟儿氤氲笼罩着彩色的天际。仅凭这许多不同的烟花，就足以令人大开眼界了。

清雍正帝登基时，要在元年元宵佳节燃放烟花爆竹，并传旨烟花行业创新花样。据说，当时浏阳官吏指令鞭炮制造能手李泰限期创制出新式烟花进贡。废寝忘食钻研烟花的李泰路过铁匠铺，被星火四射的场面吸引住了，随后回到家里用铁砂、火药和黑硝制成大小粗细各不相同的样式，终于喷射出了百花样式的花朵来。这时的烟花，已经和现代烟花原理大致相似了。元朝书法家赵孟頫留下这样一首千古名诗《赠放烟火者》：

人间巧艺夺天工，炼药燃灯清昼同。
柳絮飞残铺地白，桃花落尽满阶红。
纷纷灿烂如星陨，耀耀喧豗似火攻。
后夜再翻花上锦，不愁零乱向东风。

▲ 清·焦秉贞《百子团圆图》局部

诗作呈现出一幅绚丽多彩的烟花画卷，美不胜收。

水上的烟火表演在清代更加精彩了。倒垂莲、大梨花、大牡丹、大木香这样的样式越来越多，越是难度大的，越受人们欢迎。再加上早已习惯的水秋千、水傀儡、水军演习、弄潮等等水上活动，“水上烟花”就更不稀奇了。清代韩邦庆《海上花列传》里记载，水上先是有牛郎织女的傀儡戏表演，其间有“大光明”烟火放出，又在末尾放出朵朵兰花竹叶般形状的烟花，四面飞溅开去，无比绚丽！

烟花太美，只是短暂得令人生出寂寞之感。无论是古代还是当下，人们对烟花的情意都是一样相通，愿意把烟花比作寂寞，比作易逝的青春，比作那些无法碰触的美好的事物。

如今，烟花已飞入寻常百姓家，也未必只在逢年过节才会欣赏到烟花的美丽。烟花的绚丽火光中，饱含了人们最幸福的时刻。孩子是最喜欢过年的，即便是在没有四合院的邻里之间，能够挥舞着星星点点、火光斑斓的一束烟花就无比快乐，烟花所映衬出的就是一张纯真的笑脸。仰望烟花时，人们更多的是在享受一种对美的期待，当繁花似锦的烟花在夜空中绽放的一瞬间，所有的回忆、思念和感悟都交融成平和与满足。

# 第三章

## 竞技与成败

云卷云舒一时代

摔跤

斗鸡

击壤

斗草

拔河

投壶

蹴鞠

射箭

斗草

摔跤

拔河

投壶

斗鸡

蹴鞠

紫禁春回景物饶，千官陪宴赏元宵。
楼台和影来三岛，灯月交辉彻九霄。
锦队喧时呈角抵，翠华临处奏箫韶。
太平气象年年好，万国讴歌仰圣朝。
——明·王绂《元夕赐宴观灯应制》

至今也有不少人觉得相扑是一个神奇的存在：两个敦实的大胖子推来推去，着实有些无聊。尽管相扑运动在中国历史中算不上是一颗璀璨的明珠，但它却在邻国日本的发展史中成为日本民族无可替代的文化象征之一。

李兆忠《暧昧的日本人》一书中或许给了我们充满趣味的解释：“当两位超级胖子梳着古代的发髻，挺胸凸肚，八面威风地登上用土袋堆筑成的圆形赛台，按照古法鞠躬行礼，伸开双手岔开两腿蹲下，抬起硕大的脚丫子把赛台砸得咚咚直响，以示没有任何武器的时候，当那位身着古代官服、精瘦如猴的神官裁判，在一旁挥动着扇子，忙碌不停地围着两个大胖子团团打转，以一种古怪的声音不断地喊着双方的姓名，为他们加油鼓劲时，观众不是可以充分领略到一种久违了的原始古朴的情趣和快乐么？”

▲（法国）亚历山德拉·杰斯庭《相扑》雕塑

文化向来是无国界的，当这项发端于中国的相扑运动穿越狭长的朝鲜半岛传进日本时，或许谁也没有料到它会在别国得到这样深远的发展，甚至成为另一民族的“原始古朴”的国粹。

那么，相扑在本土又是一种怎样的发展轨迹呢？我们任时光牵引，追随先民的祭神仪式，在恢弘崇高的精神寄托中感受一种原始印象吧。

这种类似摔跤的相扑运动，最早被称为“角抵”。

角抵的起源可以追溯到上古时代。据《述异记》记载，上古时的蚩尤民族“耳鬓如剑戟，头有角，与轩辕斗，以角抵人，人不能向”。他们在与黄帝打仗时，头上装备着刀剑一样的尖状物，好像有角的公牛一样，打仗时手脚并用，还可以头上之角抵人，令对方很难防御，他们因此曾打过很多胜仗。这种“以角抵人”的方式，后来演变成为人们“两两相抵”的摔跤活动。可以说角抵最初是从搏斗中获得灵感的。

到了秦汉时期，角抵活动已非常盛行，但是当时的角抵不再是一种争斗相搏的手段，而是变成为一种带有一定表演成分的游戏活动。《史记·李斯列传》中记载：“是时二世在甘泉，方作角抵优俳之观。”当时，李斯在甘泉宫求见秦二世时，二世正在观看角抵之戏。为何当时如此盛行角抵？东汉学者应劭曾说道：“战国之时，稍增讲武之礼，

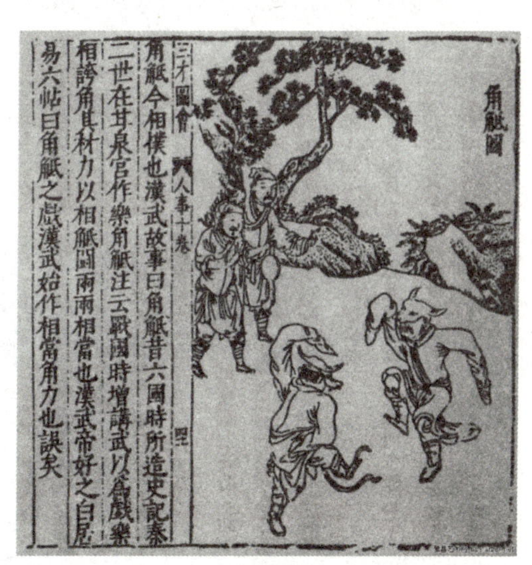

三才圖會 人事十卷

角觝今相撲也漢武故事曰角觝昔六國時所造史記秦二世在甘泉宮作樂角觝注云戰國時增講武以為戲樂相誇角其材力以相觝鬬兩兩相當也漢武帝好之白居易六帖曰角觝之戲漢武始作相當角力也誤矣

▲ 明·王圻、王思义《三才图会·角抵图》

以为戏乐，用相夸示，而秦更名曰角抵。角者，角材也。抵者，相抵触也。”战国时，秦国国君怕民众起来造反，于是便收天下兵器，罢讲武、息兵事，尚武的民风转而在包含力量又兼有技艺射御的角斗中得以宣泄。

就像秋千最初是先民为了获得高处的果实而发明的一样，角抵在早期也蕴涵着原始的气息。自然环境的险恶，常常迫使原始先民须强健身体才能生存下去。在原始森林中，遇上猛兽，就需要与之搏斗。这种打斗场面，渐渐披上了表演的外衣，终而成为殷周时期民间流行的技艺表演。

据一些出土的汉石刻画像显示，汉代的时候角抵已经可以清晰地分为“象人”与兽斗、人与兽斗、“象人”与“象人”斗这些类型。千万可别以为是人与真猛兽较量，这里的兽只不过是由人装扮而成的，类似于舞狮者披上狮子的皮具而已。“象人”就是头戴假面具的角抵演员。除此之外，豹戏、鱼戏、雀戏、龙戏，各式表演夺人眼球。就像张衡在《西京赋》里说的：“总会仙唱，戏豹舞罴，白虎鼓瑟，苍龙吹篪。”也有“象人”两两相斗的，例如《南阳汉画像石汇存》书中有一图，双方戴上雕饰的面具，左一人头上有独角发饰，手持铁锤一类的器具，呈张牙舞爪之势；右一人则披头散发，摆出抡起兵器攻击对方的架势。搏斗的尾

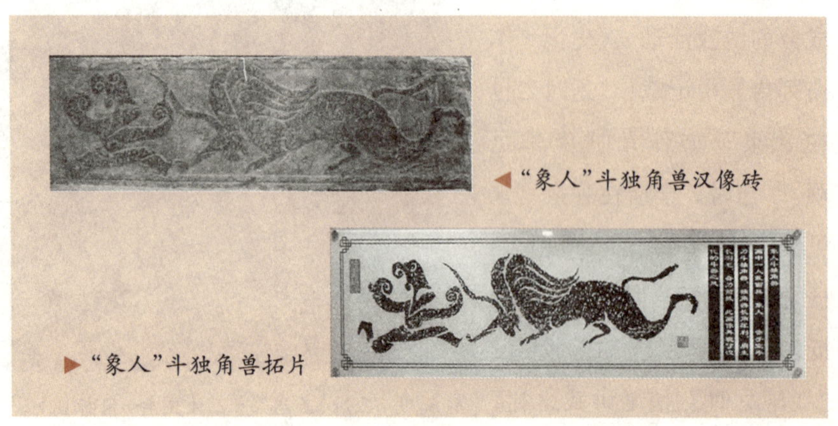

◀“象人”斗独角兽汉像砖

▶“象人”斗独角兽拓片

声，总是以一方击败另一方为止，随后胜利一方便摆出得意之状，博观众一笑。

如果缺乏戏剧效果和故事性，角抵作为表演就没有了生命力。战国时只注重观赏性的角抵表演显然太过单调了，不如改换一下形式吧。汉武帝时期的角抵戏就已经成为包容多种形式的游戏了，《史记·大宛列传》里记载当时的盛况：

> 于是大觳抵，出奇戏诸怪物，多聚观者，行赏赐，酒池肉林，令外国客遍观各仓库府藏之积，见汉之广大，倾骇之。及加其眩者之工，而觳抵奇戏岁增变，其盛益兴，自此始。

司马迁所说的“觳抵”就是指角抵，文中的大宛之地是西汉张骞发现的边疆邻国地区。外国宾客聚众而来观赏汉朝的角抵戏，戏中由人所扮演的各类怪物神情姿态形象又逼真，令邻国友人惊骇至极。这也意味着角抵戏在汉朝时已经对外传播了。

对外输出的同时也带来了对内的交流，张骞开拓的“丝绸之路”将西域等国的魔术和幻术这些异域特色的游戏带入本土，因此宫廷里被推介的角抵戏实际上汇集了各国传统的表演。以至于到东汉时，角抵戏成为综合性的技艺表演而被人们统称为“百戏”。但这里的“百戏”与宋代盛行的“百戏”是不同概念的。东汉李尤写过一篇《平乐观赋》，其所叙的是汉武帝在平乐观欣赏角抵戏的场景，此时的角抵已经是较为广泛的称法了，其内容非常丰富，加入很多杂技项目。像扛鼎、寻撞、吐刀、爬杆、履火、耍龙灯这样的当时就属于“百戏”，又像鱼龙烂漫、俳优、山车、巨象、拔井、种瓜、杀马、剥驴这些奇思妙想的表演类型也是“百戏”的类别，这足以说明角抵戏在当时实际上是大型综合性技艺表演的总称。每一类表演都是那样惊心动魄，如今杂技团的走钢丝、转碟、爬杆、空中飞人这些足够惊险的表演于当时也只能是九牛一毛了。

角抵发展到魏晋，又出现了另一名称——相扑。

相扑者双方赤裸上阵，下身光腿赤足，仅在腰间束一短裤以示文明，与日本的相扑极为相似。日本的相扑等级森严，拿到级别最高的横纲称号，相扑力士就可以永不降级，象征着其在相扑界至尊的地位。撒出一把盐，仿佛以达到净化的目的，这是日本相扑力士在赛前场上重要的一个镜头。在晋代以至宋金元时期，中国相扑讲究智慧与技法。这样一来，相扑就不仅只是为了观赏，也有了“打擂台”这样决胜负的竞技。常常是被成千上万的观众围观，甚至连廊坊屋顶上也都坐满了人，相扑到精彩之处，莫不掌声雷动。

同时也有纯粹为表演助兴的，其当推宫廷里为皇家服务的相扑队伍了。南宋吴自牧所撰的《梦粱录》卷二十有“角抵”条说：“角抵者，相扑之异名也，又谓之争交。且朝廷大朝会、圣节、御宴第九盏，例用左右军相扑，非市井之徒，名曰‘内等子’。”相扑在宋代是国技，多见于大型朝会，比如宋代极为隆重的元宵节。那几天的皇城宣德门广场上万灯齐亮，又有元宵晚会表演，各种特色节目轮番上演，歌舞的、杂技的、影戏的、魔术的、蹴鞠的，精彩至极，相扑也是其中一项，更有女相扑表演。除了大型朝会以外，

▲ 明·仇英《清明上河图》局部

皇帝的生辰也会表演相扑。此外，皇族宴会的第九个项目，常常专门设置相扑表演。惯例是选用宫廷训练过的左右军来表演相扑，绝非市井上随意找来的演员，而这些相扑者也有专门的称呼，被称为“内等子”。宋代的宫廷里，就有一些依靠相扑来获得丰厚报酬的专业人士，他们专职为皇家表演，地位相对也高一些。

民间艺人为了养家糊口，则把相扑表演当成一种谋生手段。街坊里、桥巷中和集贸之地都是这些民间的相扑艺人张罗旗鼓的地方。“咚咚咚”，几声响锣，召唤了一些市井百姓，仿佛古装剧中江湖卖艺之辈，把拿手的相扑表演一番，以赚取一点小钱来维持生计。这些临时性的技艺表演是深受市井百姓喜欢，所以在南宋临安城里出现过一些“相扑社”，挖掘并培养了一批擅长相扑的人。

不能不提的是，宋代曾有一些轰动杭城的女相扑名家。赛关索、嚣三娘、黑四姐、韩春春、绣勒帛、锦勒帛、赛貌多、侥六娘、后辈侥、女急快，这些都是《梦粱录》和《武林旧事》里记载过的女相扑技艺人。最为抢眼的当是“妇人裸戏”。当时女相扑艺人与男相扑手一样，身穿无领短袖，袒胸露腹，由此遭到了一些文人士大夫的非议。司马光上书宋仁宗的《论上元令妇人相扑状》有言：

> 右臣窃闻，今月十八日圣驾御宣德门，召诸色艺人，令各进技艺，赐与银绢，内有妇人相扑，亦被赏赉。臣愚，窃以宣德门者，国家之象魏，所以垂宪度、布号令也，今上有天子之尊，下有万民之众，后妃侍旁，命妇纵观，而使妇人裸戏于前，殆非所以隆礼法、示四方也。

文中充斥着一股浓浓的火药味，司马光以为在这样神圣的地方，竟然也有妇人相扑的表演，更令其愤怒的是妇人裸戏于大庭广众之下，完全不顾礼

▲ 清·郎世宁《塞宴四事图》局部

仪教化，到了不可思议的程度。可见妇人相扑在当时已是大范围流行的活动。

大众思维里，相扑总该是两个人合作完成的事儿。但是在充满娱乐气息的宋代，还有一个人唱独角戏的相扑——乔相扑。南宋周密在《武林旧事》里就把乔相扑的技艺人从“角抵”艺人里分出来而成为专门的一类，元鱼头、鹤儿头、鸳鸯头、一条黑、一条白、斗门乔、白玉贵、何白鱼、夜明珠这九位是当时出名的乔相扑演员，当然应该是艺名。一个人的独角戏该怎样继续呢？表演者俯下身去，四肢着地，穿着戏装和道具，装扮成两个相扑者的样子摸爬滚打，取悦于观众，很是有趣。

满族人喜好摔跤，入主中原以后，也把摔跤游戏带入中原，又吸收了中原本土的一些相扑元素，使摔跤成为又一项国民性的游戏。一时间，朝廷上下宫廷内外，都在为能成为一名官方的摔跤手而挤破脑袋。朝廷为此专门设立了“善扑营”机构来管理这些被称为“布库”的摔跤手。布库们也有等级排列，按照技术高下领取钱粮。统治者对摔跤的重视，也在一定程度上促使这项源远流长的民族性游戏能够流传下来，才可以成为如今的摔跤竞技体育运动。

奥运会期间，我们观看摔跤手们激烈的比赛，在一饱眼福且惊心动魄之余，可不能嘲笑他们坐飞机时的尴尬，庞大的体型难免会使他们行动不便。我们应感激他们，唯有抱着对摔跤文化的热爱，才能将这项游艺活动传承至今，并跨越国界成为世界性的游戏。

清溪一道穿桃李，
演漾绿蒲涵白芷。
溪上人家凡几家，
落花半落东流水。
蹴踘屡过飞鸟上，
秋千竞出垂杨里。
少年分日作遨游，
不用清明兼上巳。
——唐·王维
《寒食城东即事》

道家以为，欲求长生，当保持身心闲静平和，不为外利诱惑，即所谓“恬淡无欲，以道自娱”。而现代都市人常常在自我追求的享受中，不知不觉地远离了最初的本心。或许回归纯朴的自然之感，只需蹴鞠所踢出的这一道美丽的弧线，将浮躁与喧嚣一并带上云霄。古人或许早就悟到了这样的生活真谛，他们在看似不经意的游艺中，脱离了粗鄙或浅薄的享乐，赋予它简单活泼又和谐的精神情趣。

诗人，总是能细心地捕捉到这些美好。诗人王维有一首描写清明的诗《寒食城东即事》：

清溪一道穿桃李，演漾绿蒲涵白芷。
溪上人家凡几家，落花半落东流水。
蹴踘屡过飞鸟上，秋千竞出垂杨里。
少年分日作遨游，不用清明兼上巳。

清明时节，长安城郊溪水岸边，桃李芬芳，杨柳依依，飞鸟倏尔远

▲ 河南嵩山启母阙上的女子蹴鞠图

去，少女荡起的秋千划出美丽的弧线，青春的少男正潇洒地踢着蹴鞠，想来也是一幅曼妙愉悦的画面。这春光融融的清明节日并上巳节与寒食节，从一种时令节气转而成为自然与人情和谐一体的生活状态。

那年唐玄宗李隆基初入秦川时恰逢寒食节，便写下了“可怜寒食与清明，光辉并在长安道”两句诗。“可怜”并非同情怜爱，而是值得喜爱的意思。要将清明与寒食这在当代人印象中追念亡灵的节俗融入欣喜的情怀，恐怕也唯有在唐朝这样通达的时代了。芸芸众生本就应该从草长莺飞的季节中汲取生命的养分，所以除了思旧怀人，还有清明时节荡秋千、放风筝、踏青赏玩、蹴鞠这些游艺活动了。

蹴鞠一词，不了解的人甚至连读音都需揣摩几分，然而当今的太多文化都与它渊源相系，正是有了蹴鞠，才让后人有了足球、踢毽子、弹棋这些丰富多彩的运动形式。蹴鞠又名“蹋鞠”“蹴球”“筑球”“蹴圆”，“蹴”是用脚踢的意思，“鞠”是用不同材料制成的球，蹴鞠玩起来就类似踢球。

“蹴鞠渐知寒食近，秋千将立小鬟双。”倘若天寒地冻或是烈日酷阳，必定是不适合这样的户外运动的。况且，在心灵和身体经历了“冬眠”以后，当桃红柳绿、清风再次拂来的时候，任是谁也都不愿意再待在屋里而尽情地外游了——“寒食蹴鞠”就这样应运而生。

据史料记载，早在战国时期汉族民间就流行蹴鞠游戏。《战国策·齐策》里有说“临淄甚富而实，其民无不吹竽、鼓瑟、击筑、弹琴、斗鸡、走犬、六博、蹋鞠者”，这里的“蹋鞠”就是蹴鞠。这句话同样被引用在《史记·苏秦列传》中，一样是为了说明临淄百姓富足的生活。临淄是齐都，在当时是最富裕的城市之一，“摩肩接踵”“挥汗如雨”“举袂成幕”这几个成语就是形

容临淄人山人海，热闹非凡的。可想而知，唯有这样歌舞升平的繁华年代，才能盛行蹴鞠这样大型的娱乐活动。

▲ 佚名《刘太公行乐图》

而从汉代开始蹴鞠又成为兵家练兵之法。刘向《别录》中说："蹋鞠，兵势也。所以练武士，知有材也，皆因嬉戏而讲练之。"蹴鞠除象征"兵势"、有训练武士的作用外，也用于丰富军中生活，使战士保持良好的体力和士气。"今军无事，就使蹴鞠"一语，就是后者的反映。汉代班固把古代足球列入兵家技巧类，并称："以立攻守之胜者也。"唐朝颜师古注云："蹴鞠，陈力之事，故附于兵法焉。"

当年汉成帝就十分热衷于蹴鞠之戏，甚至到了中晚年还常常踢球。群臣担心他如此下去会拖垮身体，就想尽办法来转移成帝的兴趣，最后创造了弹棋，才使蹴鞠运动的热度稍为消减。

蹴鞠所用之"鞠"，可上溯到石球。石球在约十万年前的丁村文化遗址中首先出土。石球最早是狩猎工具，原始社会后期出现了用脚踢的石球及镂空的陶球。刘向《别录》载："蹴鞠，传言黄帝所作。"明《太平清话》也记载："踏鞠始于轩后，军中练武之剧，以革为圆囊，实以毛发。"是说蹴鞠始于黄帝，开始用于军事训练。汉代的鞠停留在原始阶段，用厚实的毛发制作而成，后来略加改进，用皮革包在外面，里面充实着毛发之物。但无论怎样，汉代的"鞠"始终是实心球。而到了唐代，蹴鞠比赛的方式逐渐由低球门改为高球门，对于球员来说难度就加大了很多，所以球也由实心球变成了空心球，接近于现在我们踢的足球。这种球外面是皮革，用八块方形皮革缝制成圆形的皮壳，又因为没有现在的充气技术，所以需要在皮壳中装入动物的膀胱作支撑，然后往里面充气成一个圆球。这样做成的球，不但结实轻巧，而且富有弹性，球员可以有多种玩法。宋代对制球方法又做了改进，“香皮十二，方形地而圆象天。香胞一套，子母合气归其中”。鞠需要用十二块上等的好皮革做原料，经过精致地裁剪缝制，并且在缝制时采用里缝的方法，使鞠更加美观。当时对球的重量也作了规定，要“正重十二两”（也有十四两之说）。古代十六两为现在的一斤，十二两相当于现在的七两半，与现在比赛使用的足球重量相近。

▲皮质蹴鞠

有了越来越讲究的鞠，也便有了花式越来越多的制鞠作坊。据《蹴鞠图谱》记载，宋代仅鞠的名称就多达二十四种，《蹴鞠谱》中甚至有四十六种，如“六锭银、虎掌、八月圆、金锭古老钱、十二银、葵花、天净纱、龟背……”真是五花八门，无奇不有。所以也有了这样的词作：“梨花可戏，虎掌堪观，侧金钱短难缝，六叶桃样儿偏羡，斗底银锭少圆，五角葵花多少病，得知者切莫劳用。”这里的“梨花”“虎掌”“侧金钱”“六叶桃”“银锭”“葵花”都是鞠的名称。

▲清代瓷器上的儿童蹴鞠图

伴随着唐代诗歌的兴盛，蹴鞠的流行也体现在许多诗人的作品中，甚至如李白和杜

甫等都是蹴鞠运动的粉丝。李白《古风五十九首》中云“斗鸡金宫里，蹴鞠瑶台边”；杜甫《清明》诗中也有“十年蹴鞠将雏远，万里秋千习俗同”。

▲ 唐宋时期蹴鞠门

要聚众蹋球自然少不了场地。汉代，蹴鞠运动达到了历史上的第一个高峰。当时在皇宫及长安城内，还设有专门的“鞠城”，相当于现在的足球场。东汉文史学家李尤为一座鞠城的完工题写的一篇《蹴鞠铭》有言：“圆鞠方墙，仿象阴阳。”古之谓“天圆地方”，认为天属阳，地属阴，这小小的蹴鞠场就包含了天地阴阳的一种寓意。唐代的蹴鞠场与现在的相似，两边各设置一个球门。球门是在地上竖起两根几丈高的竹竿，竹竿顶部结网，形成门的样子。

与现在足球比赛场上常规的双球门所不同的是，宋代的蹴鞠同时出现两种不同类型的蹋法：单球门和无球门，取消了唐代的双球门蹋法。单球门即将球门设在场子的中央，比赛双方位于球门两边赛球，以进球多少决定胜负。单球门的比赛大多是在皇帝和贵族的宫廷大宴中进行。南宋陈元靓编撰的《事林广记·戊集》有记：“两球门柱之间阔九尺五寸，球门柱高三丈二尺，球门直径二尺八寸。”而至于比赛的人数，则并不一定，有二十四人的，有三十二人的。北宋孟元老《东京梦华录》里详细记载了蹴鞠比赛的规则：

> 左右军筑球，殿前旋立球门，约高三丈许，杂彩结络，留门一尺许。左军球头苏述长脚幞头红锦袄，余皆卷脚幞头，亦红锦袄，十余

人。右军球头孟宣并十余人，皆青锦衣。乐部哨笛杖鼓断送。左军先以球团转众小筑数遭，有一对次球头，小筑数下，待其端正，即供球与球头，打大肷过门。右军承得球，复团转众小筑数遭。次球头亦依前供球与球头，以大肷打过，或有即便复过者胜。胜者赐以银碗锦彩，拜舞谢恩，以赐锦共披而拜也；不胜者球头吃鞭，仍加抹跄。

左队身穿红锦袄，右队一律青锦衣，球场中央竖起两根三丈高的杆子当作球门，每队人数十二或十六人，鸣笛一响起，左队开球，戴长脚幞头的球头（队长）颠球数次然后传给次球头（副队长），右队也是如此。结束时，按照过球的多少来分胜负，胜者有赏赐，输者却要受罚，队长可是要吃鞭子、脸上还须涂抹白粉的。

▲ 元·胡廷晖《宋太祖蹴鞠图》

另有一种蹴鞠称为“白打蹴鞠”。传统的蹴鞠都是两队相互对抗的形式，那么白打相对就灵活一些了，主要是用于表演，供人欣赏娱乐。两人或多人，踢球时主要比拼的是运球、带球等花样，可以用肩、胸、背、头、腰、小腿、脚尖等许多身体部位进行控球，自然表演的成分更多了，尤其是女子踢起来就更加赏心悦目了，所以宫廷里的女子多是喜欢白打蹴鞠。

唐宋时期，蹴鞠运动发展到了

第二个高峰。宋代的帝王将相也多是蹴鞠竞赛的爱好者，最著名的要数宋太祖了。现存的《宋太祖蹴鞠图》表现的就是宋太祖赵匡胤与其弟赵光义、宰相赵普等六人用白打方式蹴鞠嬉戏的场景。《水浒传》里所描写的太尉高俅，也是凭一脚好球艺而发迹，说明了当时人们喜爱蹴鞠的程度。

宋代临安还涌现了许多蹴鞠社团，最著名的要数“齐云社”。周密《武林旧事》就记载了“齐云社蹴球”属于百戏中的一种，与当时的角抵社相扑、绯绿社杂剧、绘革社影戏等这些有名的社团齐名。“齐云”之名仿佛有要将球踢上云霄之意。如今世界各地都有自发的足球俱乐部，多少也有这样的意味。齐云社又与其他社团不同，它的社员大多都

▲ 佚名《蹴鞠图》

是一等富室郎君或风流子弟，又或者是一些文化闲人，需要足够资格才可以入社。《武林旧事·放春》里也说："春时……且立标竿射垛，及秋千、梭门、斗鸡、蹴鞠诸戏事，以娱游客。"蹴鞠与秋千这些寒食清明节里热门的游戏一并成为春天的象征，娱乐了游客，又欢愉了自己，总是双赢的事。

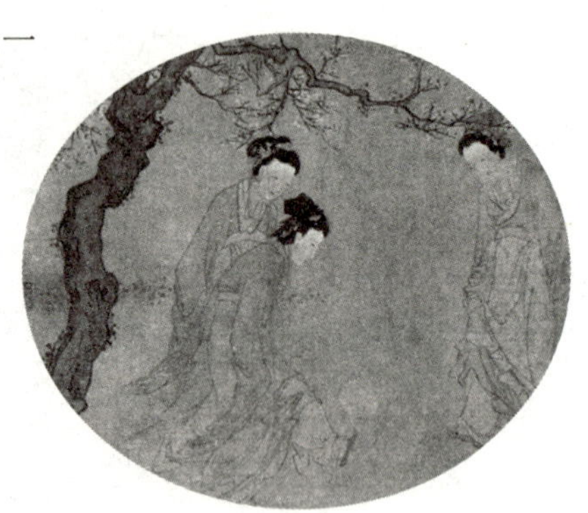

▲ 明·杜堇《仕女图》局部

即便是相扑角抵这样大大咧咧的游戏也不乏女子的参与，女子参与蹴鞠就更加不稀奇了。生活在闲暇环境里的宫廷女子，蹴鞠就成为了她们排遣寂寞的运动之一。毕竟秋千是一个人独自的享乐，而蹴鞠则是众人一同的玩乐，有了更多的趣味。在皇家御花园里，繁花似锦，姹紫嫣红，妃嫔们不甘寂寞地穿上艳丽的球衣，在绿草如茵的草地上嬉戏，美似一幅风景画。女子们并不在乎竞技，所以娱乐性往往占了上风。清陈维崧《抛球乐·咏美人蹴踘》词云："更香球将坠，最怜小玉多能，旁衬凌波微步。渐蹴罢春憨，扶鬓影、娇喘浑无语。小换轻容，满身红雨。"春风微拂，娇花艳开，温润的草地上三五人结伴蹴鞠，不必太过拘谨，偶尔香汗红颊，才是最美一春。

从最初是为了强身健体，而后成为一类休闲娱乐活动，蹴鞠在历史的长河中不断演变。宋以后，宫廷取消了蹴鞠的表演，并下令禁止军人蹴鞠。渐渐地，民间用踢毽子取代了蹴鞠。随着西方现代足球的传入，中国传统的蹴鞠很难被现代人所记起，然而它始终是中华民族的瑰宝，始终是一抹鲜亮的民族记忆。

壮徒恒贾勇，拔拒抵长河。
欲练英雄志，须明胜负多。
噪齐山岌嶪，气作水腾波。
预期年岁稔，先此乐时和。

——唐玄宗《观拔河俗戏》

# 拔河

拔河，古谓之牵钩。襄汉风俗，常以正月望日为之。相传楚将伐吴，以为教战。梁简文临雍部，禁之而不能绝。古用篾缆，今民则以大麻絙，长四五十丈，两头分系小索数百条，挂于前。分两朋，两相齐挽。当大絙之中，立大旗为界，震鼓叫噪，使相牵引，以却者为胜，就者为输，名曰“拔河”。

这是唐人封演的《封氏闻见记》中的一段话。此文中还记载了当时极为滑稽的一场“拔河”趣事：清明之日，唐中宗命几位有名的侍臣来拔河游戏。当时，七位宰相和二位驸马为东朋一队，三位宰相和五位将军组成西朋一队。毕竟东队人数多，西队便上奏说如此比赛不公平，请皇帝更改，结果中宗不改，以致西队终于还是输了。这场比赛最是苦了韦巨源和唐休璟两位。此时两位三品大臣都已八十岁上下，年事如此之高，却随着大绳跌倒在地，长久都爬不起来，让中宗、皇妃们笑得欲罢不能。而后，唐玄宗也多次驾临御楼组织拔河比赛，参加人员常常有一千人之多，呼喊声甚至震天动地。

这场皇家的拔河似乎已不是纯粹的体育运动，而更像是一场宫廷的嬉戏。唐中宗对拔河的喜爱是众所周知的，《旧唐书·中宗纪》也记下了这场拔河：这一年的仆射韦巨源是七十九岁，少师唐休璟则已八十三岁，有这二位参与的拔河之赛俨然已经成了一场荒唐的闹剧，谁还在乎输赢呢？分明是为了取悦皇帝贵人罢了。然而，尽管喜剧也好，闹剧也罢，拔河之戏在唐朝时已经初具规模，其比赛规则也已经相当齐备了。

《太平广记》引《景龙文馆记》云："中宗幸梨园，命侍臣为拔河之戏，以大麻絙两头系十余小索，每索数人执之以挽，力弱为输。"那时的拔河道具与现在的略有不同，一根长绳是用麻所绕成的绳索，绳的两端分别系出十多条小绳索，两队的人员则是握着小绳索来赛力气，力气弱的一队则被另一队拔过去了。总之，拔河是赛力气的游戏，比的还是力量。

▲ 牵钩汉像砖拓片

南朝梁宗懔《荆楚岁时记》最早记载下了立春之日拔河的习俗："为施钩之戏，以緪作篾缆相罥，绵亘数里，鸣鼓牵之。"早在春秋战国时期，就有拔河这项活动，不过在那时不叫拔河，而称为"钩强"或"牵钩"，后演变为荆楚一带民间流行的"施钩之戏"。唐以后才有现在所说的"拔河"。和秋千、放风筝、蹴鞠一样，拔河最盛行在春天，人们用麻编成像辫子一样的长绳，往往要达数里之长，鼓声一响，双方便互相牵离。

杜公瞻在为这段文字作注时曾这样解说，他认为当时的"施钩之戏"是"载舟之戏，退则钩之，进则强之，名曰'钩强'。遂以钩为戏，意起于此"。载舟，意味着当时的拔河是在水上进行，退与进，两个动作

就把拔河的情形给描绘出来了。但是为什么是在水上呢？据他推测，水上拔河是起源于春秋时代楚国水军的战争。《墨子·鲁问》里有这样一段描述：

> 公输子自鲁南游楚，焉始为舟战之器，作为钩强之备，退者钩之，进则强之，量其钩强之长，而制之为兵。楚之兵节，越之兵不节，楚人因此若势，亟败越人。

按照这样的理解，楚国军队作战兵器“钩强”和作战方法“钩拒”发挥了打败对手的作用。楚国军队用此器与越国军队进行水战，越船后退就钩住它，越船进攻就推开它。也可以设想，在没有战争的平日里，“施钩之戏”也是经常被拿来训练的。训练得久了，传播得远了，自然而然这“施钩之戏”便被传至民间，受到了大家的欢迎和喜爱，所以就有了拔河这项游戏。

隋唐时期，拔河规则十分明晰。《封氏闻见记》卷六就补充了“拔河”的规则，即为文章开头所记一段。拔河最早是襄阳、汉中之地的风俗，每逢初一或十五就会举行拔河比赛。传说楚国将领讨伐吴国，认为拔河使得出力气，就用拔河来教士兵们作战。那时候，拔河所用的绳子是用竹篾编成的缆绳，不像如今大多都是麻绳。绳子长约四五十丈，绳子的两端分别系着上百条小小的绳索，好似主干上分出的密密麻麻的小分支。拔河之时，所有的人员分成均等的两队，大绳的中央立一面大旗当作界限，号令一响起来，大鼓喧嚣，两队就开始分别往自己的方向使劲拉绳。后退的一队胜利，接近界限的一队则输掉比赛，这就是古时的拔河。

而拔河最吸引人的地方并不是它的规则，却是它的设计。古时的拔河绳索显然是特制的，也可以根据需要做一番调整，以人数的多少来确定两方所系上的小绳索数量。唐中宗那天的比赛就是只用到了十多条小绳索；但凡大型比赛，所制的小绳索便要翻上几倍之多。而大绳的长度则根据人数可达一二百米，这绝对是一场声势浩大的集体比赛了！

唐玄宗之时，拔河场面更是壮观。“元（玄）宗数御楼设此戏，挽者至千余人，喧呼动地，蕃客士庶，观者莫不震骇。”据说，唐玄宗为向番邦证明唐朝国力强盛，不惜投入巨资，举办了一场声势浩大的拔河比赛。其参加人数之多，竞赛气氛之浓烈，都是后代望尘莫及的。观看拔河的无论是外国商旅还是士庶平民，无不感到震撼与惊叹。唐玄宗的宰相张说曾作《奉和圣制观拔河俗戏应制》一诗：

今岁好施钩，横街敞御楼。长绳系日住，贯索挽河流。
斗力频催鼓，争都更上筹。春来百种戏，天意在宜秋。

题目把拔河视为俗戏，反映了玄宗时期的拔河之戏就已经是民间喜闻乐见的活动。诗中把“施钩之戏”的拔河情形描述得十分清晰：挽者们不惜力气，人人都为自己一方拔得上筹而使劲。

既然是一首应制诗，皇帝必有一首“圣制”诗在先。唐玄宗的诗是这样的：

壮徒恒贾勇，拔拒抵长河。欲练英雄志，须明胜负多。
噪齐山岌嶪，气作水腾波。预期年岁稔，先此乐时和。

◀战国青铜器水陆攻战纹饰

拔河的气势是有多少壮大啊！仿佛山都要被这拔河的呼声震得岌岌可危，仿佛水都要被这些挽者的气势掀动起来。而玄宗绝非仅是为了娱乐，他还在其中寄予了古代帝王和百姓的共同愿望——能够享有丰年。诗中的“岁稔”就是指丰年。于是，我们看到了拔河的另一政治意义——以求丰年。

民间拔河“致丰年”的习俗，实际上早已有之。《隋书·地理志》中有一段话：“二郡又有牵钩之戏，云从讲武所出，楚将伐吴，以为教战，流迁不改，习以相传。钩初发动，皆有鼓节，郡噪歌谣，震惊远近。俗云以此厌胜，用致丰穰。其事亦传于他郡。”这段话中的“二郡”是指襄阳、南郡，古时都属于荆楚之地。“楚将伐吴，以为教战”便是之前所提到的关于拔河的起源，而文中最值得注意的，是“以此厌胜，用致丰穰”。说明在隋朝人的意识中，拔河之戏是可以厌胜辟邪、祈福求丰年的。

绳，是龙蛇的形态寄托。在先民的原始思维中，用两股麻草互相扭结而成的大绳像是扭曲蜿蜒的龙蛇之物。“一朝被蛇咬，十年怕井绳”这句俗语就是先民对蛇与绳相互替代的潜意识。龙，是先人幻想出来的一种图腾，它的主体来自于蛇。《说文解字》里说，龙在春分“登天”，秋分“潜渊”，所以先人在春分这天必定要对龙进行祭祀，否则就会招致一年的灾祸，五谷也将无法丰收。

为了祈求一年的丰穰，人们会用各种方法祭祀，而用绳来最直观地描绘龙蛇的方式就自然而然被人们接受了。来自于天际的神秘之感和超自然力，往往会令先人自觉地去遵循天地法则。从自觉到一种无意识的类比关联，拔河便与曲水流觞这样的习俗一样，成为泛化的娱乐活动了。

直至南宋文人吴自牧写下《梦粱录》时，以拔河作为祈雨求吉的活动也依然甚为盛行："南宋行都临安元宵之夜……草缚成龙，用青幕遮草上密置灯烛万盏，望之蜿蜒如双龙之状。"人们用草扭结成龙的形状，在草绳之上用青幕遮好，并装置了万盏灯烛。当人们拔河的时候，灯烛燃放起来，扭曲蜿蜒就像两条龙，而绳龙致雨的愿望也蕴涵在这原始的仪式中。

一年的农事开始于春，一年的希望也寄托在春天。古朴的原始思维，并不妨碍先民祈求生活祥和与谷稼丰稔的集体愿望。当一代又一代的先民传递着这些集体无意识的象征时，民族的精神就形成了。

文化是没有边界的。唐朝以后，拔河民俗被传到了更多的国家。韩国、日本、缅甸、越南这些国家将本土的特质结合外来的民俗，使拔河有了新的内容。

农耕文化渐行渐远的当下，似乎也逐渐将一些潜在的文化精神带离了我们。谁也不会想到，在中国有着两千多年悠远历史的古老民俗拔河，在2015年年末竟被韩国、越南、柬埔寨、菲律宾四国联合申遗成功

并正式列入联合国教科文组织人类非物质文化遗产名录，拔河成为了韩国第18项人类非物质文化遗产。人们在惊叹这项仅在韩国本土流传了450多年的运动，使韩国从文化输入国华丽转变为文化代表国之时，是否需要进行更多的理性思考，我们该如何更好地保护和传承古代的游艺，使之不再被外国拿去成了别国的文化遗产。

▲ 拔河象牙摆件

寒食清明小殿旁，
彩楼双夹斗鸡场。
内人对御分明看，
先赌红罗被十床。
——五代·花蕊夫人《宫词》

# 斗鸡

斗出英雄斗出魂，人们从来毫不吝惜用赞美的言辞为这些斗士们欢呼，也从来不避讳他们格斗时血脉偾张的神情。斗士是烈性的象征，古罗马时代短剑与盾牌下被自由束缚的角斗士是烈性的；在拥有碧血黄沙的热情之国西班牙，挥舞着与国旗颜色一致的红布的斗牛士是烈性的；而跨越到古老的中国，也有一类光荣的斗士——斗鸡，它们也可算是烈性的。

鸡本是善斗的动物，倘若把两只性情凶猛的公鸡放在一起，它们就会激烈地争斗起来，两只鸡斗得难分难解，势不两立，甚至鸡冠流血，啼叫无力，直到某一方败下阵来，这场血淋淋的搏斗才告一段落。这样想来，斗鸡的场面是极为惨烈的，与西班牙斗牛也并无二致。斗牛虽然是人与牛相竞，但人毕竟还是主导，斗牛士挥舞着手中一把长剑，在不断地引逗与激怒中直刺公牛的心脏，血腥与暴力是斗牛的烈性一面；相较而言，斗鸡虽激烈，却是平等的较量。

早在先秦时期，斗鸡就已经开始流行。春秋战国时，在一些王侯贵族的府邸中就有斗鸡的场景。《左传·昭公二十五年》记载：“季、郈之鸡斗，季氏介其鸡，郈氏为之金距。”说的是春秋末期鲁国的贵族季平子和郈昭伯所举行的一场斗鸡之赛。怎样让自己的斗鸡骁勇善战呢？两人是早做准备，各有策略的。季子为他的斗鸡披上铠甲，仿佛勇士一般无懈可击，而郈氏也绝不示弱，给鸡的爪子戴上金属做的套子，如此一来，两只“武装”了的雄鸡战士决战起来就更加剽悍了。两鸡在翻身相啄之时，身披铠甲的斗鸡能够不惧袭击，而脚爪带套的斗鸡又可以用利爪奋击，也许在一挥之间，对方的鸡头就已被切落了。可想见当时斗鸡场面是多么的惊心动魄！东汉文学家应玚《斗鸡》诗云“芥羽张金距，连战何缤纷”，描写的正是这种搏斗法。

斗鸡能够流行，其原因总是与大众的娱乐联系在一起。然而最初斗鸡的兴盛，却绕不开那些帝王们的关注。“世家子弟富人或斗鸡走狗马，弋猎情戏”，没有厚实的经济基础，怎能有闲情逸致来玩斗鸡呢？正所谓“斗鸡芥翼争英雄，双距利刃逞威风。羽毛飞扬分胜负，终在纨绔欢乐中”。

《新唐书·三宗诸子让皇帝宪传》记载：“诸王日朝侧门，既归，即具乐纵饮，击球、斗鸡、驰鹰犬为乐。如是岁月不绝。”又有《北梦琐言》说：“僖宗皇帝好蹴鞠、斗鸡为乐。”皇帝皇子的喜好总是牵动了一批人甚至一时代人的娱乐方向。

爱江山更爱美人。历史上诸位皇帝之中，有这么一位既爱美人又爱斗鸡的君王——唐玄宗。李白就曾在《古风（四十六）》里记述当时朝廷中人沉溺于斗鸡游戏的现象：“王侯象星月，宾客如云烟。斗鸡金宫里，蹴鞠瑶台边。”每天出入宫廷赏玩的宾客不计其数，日日夜夜沉醉在斗鸡与蹴鞠这些娱乐之中，也足见玄宗对斗鸡的痴迷程度了。早在玄宗还是临淄王的时候，就十分喜爱民间清明节时的斗鸡之戏。等到即位后，便立刻命东宫和掖庭宫之

▲ 明·周之冕《榴实双鸡图》

间建起“治鸡坊”，并从长安城“选拔”能斗的雄鸡千只充实鸡坊，以供娱乐。

斗鸡可绝非是养尊处优的，需要专业的训练。一只名种斗鸡与高贵的战士一样，都是历经重重挑战才能够脱颖而出。喂食自然不必多说，营养是最基本的保障。当一只鸡仔长到两公斤的时候，鸡腿上就开始被绑上沙袋，进行强制运动了。每天驯鸡人就以每小时十公里的速度追赶着斗鸡长达几个小时，直到鸡的速度不再放慢为止。除此还要训练斗鸡精准的啄功，这样才可以准确无误地攻击对方的任意部位。凶狠、快准、不退缩，是一只骁勇善战的斗鸡所必备的素质。

“索长安雄鸡，金毫铁距，高冠昂尾千数，养于鸡坊。选六军小儿五百人，使驯扰教饲。上之好之，民风尤甚。”皇上如此嗜好，民间又怎能不投其所好呢？一时之间，斗鸡之风气愈来愈盛。诸王世家也都人人为索得一只好鸡争破头皮或是倾其财产；都城里也不乏整日都以斗鸡为事者，即便是家境窘迫之人，也会雕刻木制鸡来把玩把玩，不免让今人瞠目结舌。

贾昌就是因鸡进爵、凭鸡富贵的一位斗鸡者。一次玄宗出游，看见贾昌在云龙门的道旁玩弄木鸡，便把他召见来收为“治鸡坊”的一名驯鸡者，并予以右龙武军编制。这贾昌也颇有一番本事，他一入鸡坊，许多雄鸡都一并围拢过来与他亲近。勇猛的、胆怯的、壮硕的、羸弱的，贾昌一眼就能分辨出来。至于什么时候给鸡喂水进食，鸡是否生病患疾，他也都一清二楚。没过多久，贾昌就成了五百小儿的首领，并得到玄宗每天大量金帛的赏赐。更令人惊叹的是，贾昌的父亲去世时，当地县官全都为他准备随葬器皿，装

着大堆财物的马车排满了洛阳大道。所以当时天下人都称他为“鸡神童”，并流传着这样一个民谣：“生儿不用识文字，斗鸡走马胜读书。贾家小儿年十三，富贵荣华代不如。能令金距期胜负，白罗绣衫随软舆。父死长安千里外，差夫持道挽丧车。”这不能不说是一种生而逢时的际遇啊。贾昌的故事被写入《东城老父传》中，他一生的际遇，恐怕也是唐王朝一个时代娱乐风气的缩影。

“路逢斗鸡者，冠盖何辉赫。”李白这样的浪漫主义诗人看到天宝之年的娱乐风貌，竟也发出如此的唏嘘感慨，可见当时斗鸡的现状。其实，并不只有玄宗才喜欢斗鸡，玄宗之前的太宗，玄宗之后的文宗、僖宗也都是斗鸡的爱好者。一些大诗人，也是斗鸡迷。唐朝的文人韩愈与孟郊一同观看斗鸡，触发了诗兴，随即写下了一首描绘斗鸡的佳篇《斗鸡联句》：

大鸡昂然来，小鸡竦而待。（韩愈）
峥嵘颠盛气，洗刷凝鲜彩。（孟郊）
高行若矜豪，侧睨如伺殆。（韩愈）
精光目相射，剑戟心独在。（孟郊）
既取冠为胄，复以距为镦。天时得清寒，地利挟爽垲。（韩愈）
磔毛各噤痒，怒瘿争碨磊。俄膺忽尔低，植立瞥而改。（孟郊）
腷膊战声喧，缤翻落羽皠。中休事未决，小挫势益倍。（韩愈）
妒肠务生敌，贼性专相醢。裂血失鸣声，啄殷甚饥馁。（孟郊）
对起何急惊，随旋诚巧绐。毒手饱李阳，神槌因朱亥。（韩愈）
恻心我以仁，碎首尔何罪。独胜事有然，旁惊汗流浼。（孟郊）
……

一对斗鸡，从来就是为争而战。大鸡雄姿昂首，小鸡却一旁寒颤而待。这精锐霸气的目光，这格斗时翻腾飘落的羽毛，这喘息下撕裂皮肉的叫声，都散落在难解难分的搏斗中。胜者是昂首高歌，败者是头破血流。斗场之内雄鸡喧嚣的气氛，斗场以外观者起伏的心情，顿时都定格在了斗鸡的这幅场景之中。

斗鸡需要技巧。那些骁勇善战的雄鸡都有相同的特征，体型魁梧、结实壮硕、筋肉发达、性情暴烈。它们往往宁死不屈，哪怕是留着一口气也要战斗到底，冒死进攻，这样的斗鸡才是优秀的斗士。为了取得胜利，斗鸡者常常使出各种办法。比如给鸡的脖子根处、羽翅下面涂抹芥末，芥末辛辣，碰到眼睛处甚至不能睁眼，从而容易获胜；或者安装金距，只要脚爪一戳，就会割伤对手；甚至不断地给鸡泼水使其清醒，而这些办法大多都是不伤及斗鸡体质的。后来还有了给鸡截冠的办法，把鸡冠截去一段，让斗鸡惨痛至极，瞬间爆发出超常的战斗力。李翱《截冠雄鸡志》里就描述了这样一只被截了冠的雄鸡，很是威武，没有公鸡敢与它单独较量。

“寒食清明小殿旁，彩楼双夹斗鸡场。内人对御分明看，先赌红罗被十床。”这是五代花蕊夫人在《宫词》里描写的一个场景。宫女闲暇度日，不胜寂寞，海棠花开的春天里，游赏之余最大的乐趣便是在庭院里看斗鸡，还会聚在一起小赌一把，把斗鸡当作赌博之戏。寒食节前后二十多天里，人们有了几日闲暇，自然不会错过斗鸡的消遣。寒食节在唐代就已被定为重要的节日，朝廷明文规定，寒食节须禁火三天，那几天的宴饮也主要以冷食为主。大概是因为冷食吃得多了容易积食，所以需要多去户外运动一下，于是便有了“斗敌鸡殊胜，争球马绝调”这样的游乐氛围。

寒食节里，打秋千、蹴鞠、击壤、走马、拔河、插柳、放风筝、曲水流觞、斗鸡等一系列的娱乐活动都是人们取乐的方式。除了斗鸡之戏外，自唐代开始，宫廷民间还流行斗蟋蟀，又称“斗蛐蛐”“斗促织”。“促织”即蟋

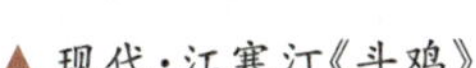

▲现代·江寒汀《斗鸡》

蟀。每当秋风起来之时，在墙垣草丛中就传来了“嚁嚁”的鸣叫声，那便是雄性蟋蟀在争斗呢。蟋蟀是细小之物，然而雄性蟋蟀为了保住自己的领地或争夺配偶，绝不妥协而互相撕咬。它们的寿命很短，往往不过百日，斗蟋蟀的时间则一般限定在秋季。

五代王仁裕《开元天宝遗事·金笼蟋蟀》云：“每至秋时，宫中妃妾辈皆以小金笼捉贮蟋蟀，闭于笼中，置之枕函畔，夜听其声。庶民之家皆效之也。”既然斗鸡盛行在寒食清明，那么金秋之际不如来斗蟋蟀吧。后宫中的嫔妃们都拿来精致玲珑的小金笼装蟋蟀，或听其声，或观其状，总是玩得不亦乐乎。而后，笼养蟋蟀之风就悄悄地从宫里流传到了民间，无论是童稚的孩子还是闲惬的成人，都愿意捉蟋蟀、斗蟋蟀。到了宋代，尤其是南宋，斗蟋蟀之风盛行。身为当朝一品的权臣贾似道，是一位地地道道的蟋蟀迷，人称“蟋蟀宰相”。在元军压境的危急时刻，他还整日与姬妾斗蟋蟀取乐。这个与秦桧同列《宋史·奸臣传》的权臣，骄奢淫逸，玩物误国，落得个千秋骂名，却写出了世界第一部关于蟋蟀遴选、决斗和饲养的专著《促织经》，也算是对中国的蟋蟀文化做出了一些贡献。

吴越之地的人们对斗鸡、斗蟋蟀，莫不爱好。周密《武林旧事》就记载了南宋临安城里，已有专门买卖蟋蟀与蟋蟀罐的小商贩。当知道要捕获一只善斗的蟋蟀要花费极大的精力时，就不会觉得高昂的价格不可思议了。瓦砾下、洞穴中、石缝里都是它们的藏身之处，捉蟋蟀时不能拿一块小木条使劲捣鼓，而应用特制的小刀或小铲子小心翼翼地挖开洞口的泥巴，当蟋蟀逃出来时，恰好落入事先安放好的网罩之中。

秋来之时，“嚯嚯”声不绝于耳，可是一般人都很难饲养它，而以斗蟋蟀为生计的人，饲养起来却是悉心周详的。饮用的水须是清洁的，饲料主要是煮烂的饭米粒，最好是加上少许烂熟的毛豆，还可以添一些羊肝、虾肉、蟹肉之类，总之饲养蟋蟀并非易事。明宣宗朱瞻基就是出名的“蟋蟀皇帝”。为了过把瘾，他曾经密诏苏州知府况钟向民间搜罗了一千多只善斗的蟋蟀来饲养，所以民间就有了“促织嚯嚯叫，宣德皇帝要”这样的谚语。至清代，斗蟋蟀之风更甚，蒲松龄在《聊斋志异·促织》的故事中，刻画了一场斗蟋蟀场上尔虞我诈、唯利是图的闹剧。

民间虽也有斗牛、斗鹌鹑、斗鹧鸪、斗鸭、斗鹅这一类的竞斗之戏，然而都不及斗鸡闻名。而明清之后，斗鸡、斗蟋蟀这些游戏大多都与赌博联系在了一起，成为博戏。清代时的斗戏更是兴盛，斗士的狰狞、驯养师的焦灼、观众的企盼，博彩声、吆喝声、叹息声，全都凝固在了这时光的镜头中。

▲ 明·佚名《御花园赏玩图》局部（斗蟋蟀）

“行乐三春节，林花百和香。当年重意气，先占斗鸡场。”回首少年意气风发之时，春暖花开的斗鸡图景，何曾不美妙呢！

淡荡春光寒食天，
玉炉沉水袅残烟，
梦回山枕隐花钿。
海燕未来人斗草，
江梅已过柳生绵，
黄昏疏雨湿秋千。
——宋·李清照《浣溪沙》

采采芣苢，薄言采之。采采芣苢，薄言有之。
采采芣苢，薄言掇之。采采芣苢，薄言捋之。
采采芣苢，薄言袺之。采采芣苢，薄言襭之。

这样一首描写古代妇女采摘芣苢的劳动歌曲，该是应着怎样的烂漫春光而作的呢？她们边采野菜边唱歌，是一派如此欢快的劳动景象。采摘的这不起眼的小草，叫作芣苢。朱熹《诗集传》里描述它是一种“大叶长穗，好生道旁”的草，也被人趣称为“车前草”。芣苢自然是有它的妙用，妇女们为何沉浸在欢快祥和的氛围中采集这种野草呢？

“采之未详何用。或曰，其子治难产。”朱熹说，芣苢可以用来治愈妇女难产，或是不孕这样令人苦恼的事。又因为芣苢这种如今看来极为平凡的野菜在当时亦是深受人们喜爱的食物，开水一烫，便能煮成一锅

▲ 车前草

清香味美的热汤，所以贤惠的女子们三五成群、兴高采烈地哼着民谣小曲，去郊外采集芣苢。而最重要的原因却并非这以上二种，她们采集芣苢，更多是为了斗草。

听说过斗鸡、斗蟋蟀、斗牛这样的“斗戏”还不能称奇，但谙熟斗草游戏的人，很可能会令人肃然起敬。古代的游艺竞技民俗中，有一类活动被称为“斗戏”，诸如各种虫鸟禽兽的搏斗，以供观众们欣赏。除了这些动物的斗戏以外，植物花草也可以相较高下，所以称之为“斗草”，也叫“斗百草”。

《诗经·芣苢》中女子采集芣苢，边采集边嬉戏，而这芣苢便是上好的斗草材料。“采”“有”“掇”“捋”“袺”“襭”这六个动作就描写了采集、制作、比试草茎柔韧的几个步骤。在歌谣的袅袅欢声中，斗草游戏从先秦流传至今，成为每一时代人美好的童年记忆。

要说“斗草”一词最早的记载，要追溯到南朝梁宗懔的《荆楚岁时记》：

> 五月五日，谓之浴兰节。四民并踏百草。今人又有斗百草之戏。采艾以为人，悬门户上，以禳毒气。以菖蒲或缕或屑，以泛酒。

明·仇英《汉宫春晓图》局部(斗草)

这里的“浴兰节”就是现今的端午节。端午节里，习俗都是以摒除恶毒之邪气、驱赶瘟疫为主。古时，五月被称为“恶月”，有着许多禁忌，上至帝王下至平民，无一不遵循着五月的各种禁忌。而五月五日，则是最不吉利的一天，因此人们选择在这一天里采集驱赶瘟疫毒虫的草药，煮汤来沐浴，以使身心得到净化。尤其，人们要采集艾草编成人形，钉在门上，或制作“五色索”缠挂在孩子的脖子、手臂和脚腕上，斗草习俗也在这个过程中慢慢形成了。

如此的五月，不免让人生出几分愁绪。然而也是由于五月的季节里草木葳蕤，风雨滋养，才使外出采集野草的妇女孩童玩出了斗草这样趣味无穷的游戏。

斗出春色斗出真，斗草的纯真和闲致都在青青草色之中。游戏双方各持一根草，把草叶捋净，只剩下草茎，然后两人将草茎相勾相套成“十”字；开始以后，两人都往自己的方向使力，谁先把对方的草茎割断，谁就获胜了。这看似极为简单的游戏也能让小伙伴们玩上几个时辰，常常是没过多少光景，地上就都是残草败根了。这是最初的斗草，也被称为“武斗”。

孩子们是最喜欢斗草的。清代宫廷画家金廷标曾作了一幅极为传神《群婴斗草图》：画中青草繁茂，鲜花盛放，嫩柳随风飘荡，十个男童在湖石花丛间嬉戏玩闹，有的在地上拔草，有的在专注地提篮寻草，有三五人围在一处好似在议论着什么，近处有两童正在用劲斗草，还有一童正兴致勃勃地提着满满一围兜的草回来……惊喜的、观赏的、使劲的、较量的，好不欢喜！全图把找草、拔草、运草、斗草的过程都逼真地表现了出来，童心的欢乐真是无处不在！

斗草并非只较量谁的力气大，更讲究谁的花草种类多、品种新奇。

▲ 清·金廷标《群婴斗草图》

这样一来，深闺少女与宫廷妇女也都喜欢斗草，兴致甚至超过了放风筝和荡秋千。唐代诗人崔颢有一首写少妇斗草的诗《王家少妇》："十五嫁王昌，盈盈入画堂。自矜年最少，复倚婿为郎。舞爱前溪绿，歌怜子夜长。闲来斗百草，度日不成妆。"刚嫁入王家的少妇，闲暇无奈，只能靠斗百草来打发时光，尽兴之余甚至忘记了梳妆打扮，可见斗草游戏多么吸引年轻女子。究竟有多令人痴迷呢？明代吴兆的《秦淮斗草篇》写的是作者万历年间游历应天府（今江苏南京）的所见。早春时节，芳草萋萋，秦淮河畔的女子们耐不住寂寞了，纷纷三五结伴相约斗草。秦淮水悠悠，美人与彩蝶相映成趣。而全城内外仿佛都是她们寻趣的乐园。明代黄子常的《绮罗香·斗草》词这样写：

绡帕藏春，罗裙点露，相约莺花丛里。翠袖拈芳，香沁笋芽纤指。偷摘遍、绿径烟霏，悄攀下、画阑红紫。扫花阶、褥展芙蓉，瑶台十二降仙子。

芳园清昼乍永，亭上吟吟笑语，妒秾夸丽。夺取筹多，赢得玉珰瑜珥。凝素靥、香粉添娇，映黛眉、淡黄生喜。绾胸带、空系宜男，情郎归也未。

绡帕、罗裙都是女子的贴身物品，这莺歌燕舞的花丛中，女子们也似脱笼之鹄，放情于姹紫嫣红的春风里。满园春色也挡不住寻草的乐趣，她们摘遍野草来到了园亭里，互相比较谁摘的种类更多，用玉和瑜做成的耳饰珠宝来做赌注，玩得尽兴之余，也往往不吝惜这些昂贵的首饰了。也有成年男子来斗草的，然而大多都是为了赌注，所以也失去了一些雅兴。

也有另一种“斗草”的玩法，凭借的不是一股儿蛮劲，而是用更文雅的言语来“斗”。双方互相报出自己手中花草的名目，或是比较花草品种的数量多寡，用对对子的方式把花草名嵌入对子中，谁说得多谁就获胜。这种斗草被称为“文斗”，讲究文雅之气。曹雪芹或曾目睹了如此的斗草游戏，所以他把斗草之戏也写进了《红楼梦》里，第六十二回中写道：

> 小螺和香菱、芳官、蕊官、藕官、豆官等四五个人满园玩了一回，大家采了些花草来，兜着坐在花草堆中斗草。这一个说：“我有观音柳。”那一个说：“我有罗汉松。”那一个又说：“我有君子竹。”这一个又说：“我有美人蕉。”这个又说：“我有星星翠。”那个又说：“我有月月红。”这个又说：“我有《牡丹亭》上的牡丹花。”那个又说：“我有《琵琶记》里的枇杷果。”豆官便说：“我有姐妹花。”众人没了，香菱便说：“我有夫妻蕙。”豆官道：“从没听见有个夫妻蕙。”香菱道：“一个剪儿一个花儿叫做兰，一个剪儿几个花儿叫做蕙，上下结花的为兄弟蕙，并头结花的为夫妻蕙。我这枝并头的，怎么不是夫妻蕙？”豆官没的说了，便起身笑道……

不用实花，韵味反倒是更加浓烈了。这些几个人围在花园中，寻来了各种见过的、没见过的花草，兜着、揣着，谈笑在满园花意之中。“观音柳”

“罗汉松”“君子竹”“美人蕉”“星星翠”“月月红”，还有《牡丹亭》里的牡丹花和《琵琶记》里的枇杷果，你一言我一语，从围兜里摘下的花草对到诗词歌赋，饶有雅致。如果再要将难度提高，则必然是要对出平仄，对出花草的颜色、门类等等，而这种斗法也往往延伸至筵席之上，成为酒令中的雅令。

▲ 明·仇英《斗草图》

按照花草的门类名称，行令时需要对出相应的花名。比如，门类分为“天文”“地理”“珍宝”“数目”“颜色”等，当令官开始说出“天文”，饮酒之后他出一个“月桂”，那么接下去的人也必须从“天文”这一门类中选择花草来对。

“百花争艳满庭芳，莺歌燕舞女儿乡。不喜饮酒猜拳乐，闲将斗草过时光。”无论是武斗还是文斗，端午斗草的习俗都是深入人心的。有孩童的质朴天真，有少女的春思曼妙，有男子的酒桌之谈，有太多的欢声笑语。现今，斗草游戏渐渐地不再被都市人所提起，却并不影响它在历史长河中的清晰印迹。不妨与闺蜜一同来斗草，或许会有意想不到的收获呢！

槛泉西畔漱清流，
酌水能消万斛愁。
白叟黄童争击壤，
春来有事问东畴。
——明·晏璧《七十二泉诗·无忧泉》

# 击壤

穿梭于都市的行色匆匆，有一刻的驻留，脑海中飘过海子的诗："在五月的麦地，梦想众兄弟，看到家乡的卵石滚满了河滩，黄昏常存弧形的天空，让大地上布满哀伤的村庄。"每个人都是一座孤独的村庄，里面住满了田园牧歌与所有的幻想，一切都随着四季的流转而回归土壤，回归于生命的原初。

人们崇拜土地，是因为人们的生活离不开土地。大地给予了我们食粮，也孕育了丰富的生灵，人类从此不再无所依靠，有了种植的技艺，也有了根深蒂固的家园，大地便是母亲。"土，吐也，吐生万物也。"土壤是催生万物的母亲，这也使人们对土地有了敬畏与热爱，更有了土地崇拜。

西晋皇甫谧的《高士传》中记有"尧民击壤"的故事：

帝尧之世，天下太和，百姓无事，壤父年八十而击壤于道中。观者曰："大哉！帝之德也。"壤父曰："吾日出而作，日入而息；凿井而饮，耕田而食。帝何德于我哉？"

尧帝在世的时候，天下一片太平，有一位八十高龄的老人在道路中间悠闲地玩起了击壤游戏。一旁观看的人啧啧赞叹是尧帝的恩赐，而老人却不以为然，唱起了这首击壤歌：“我太阳出来的时候去耕作田地，太阳落山时就回家去休息；凿一口深井就可以饮水来喝，在田地里耕种就可以有填饱肚子的食粮。这样的日子逍遥自在，与帝王之德有什么关系呢？”

壤父的歌，唱出了淳朴逍遥的田间农耕生活，更是唱出了安闲快乐的原始游戏之趣。这其中的游戏，便是壤父在道中所玩的“击壤”。

那么，“击壤”究竟是怎么一回事呢？

先来说说“壤”。魏邯郸淳《艺经》曰：“壤，以木为之，前广后锐，长尺四，阔三寸，其形如履。”壤就是如一只鞋子模样的木块，前部略宽，后部略尖窄，长约四十六厘米，宽约十厘米，比鞋子要大许多的。然而，壤最初的本义应是泥土。《说文解字》说：“壤，柔土也。从土，襄声。”这也就是说，壤就是最平凡、最寻常的泥土块。最初的击壤就是敲击土块，往后才发展为打击木块的娱乐形式。

击壤的动作要领便在“击”。握着这样的木制道具，游戏时，“先侧一壤于地，遥于三四十步，以手中壤敲之，中者为上”。游戏一开始，每人的手里有两块壤，先把一块壤侧放在地上，在三四十步的地方，用手中的另一块壤去投击它，如果击中，就算获胜。击壤其实就是一种有目标性的投掷游戏。早期击壤游戏的玩法在类书《太平御览》里还有另外的记录：

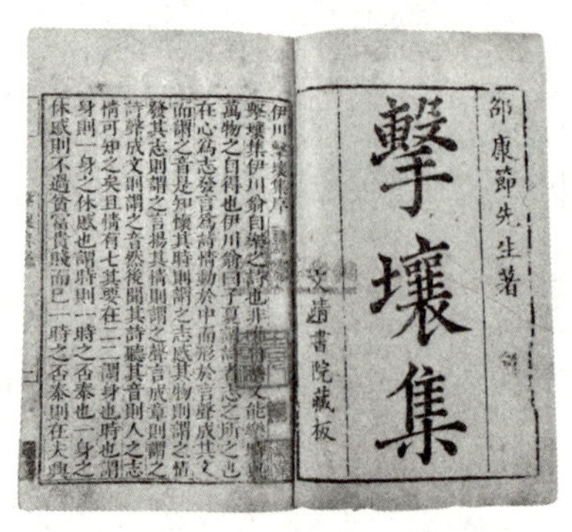


▲宋·邵雍《伊川击壤集》

《释名》曰：击壤，野老之戏也。

玄晏（皇甫谧，号玄晏先生）曰：十七年，与从姑子果柳等击壤于路。

▲ 清·吴文徵《击壤图》局部

《逸士传》曰：尧时有壤父五十人击壤于康衢。或有观者曰："大哉，尧之为君！"壤父作色曰："吾日出而作，日入而息，凿井而饮，耕田而食，帝何力与我哉！"

《风土记》曰：击壤者，以木作之，前广后锐，长可尺三四寸，其形如履。腊节，僮少以为戏，分部如掷博也。

吴盛彦《翁子击壤赋》曰：论众戏之为乐，独击壤之可娱。因风托势，罪一杀两。

从文字记载看，不难发现古人已经把击壤的玩法做了详细的介绍。汉代刘熙所作的《释名》里认为击壤是乡村老人所玩的游戏。又说，出身于名门世家的西晋学者、医学家皇甫谧曾与人在道路上玩击壤游戏，说明击壤的场所是室外而非室内。皇甫谧一生致力于医学和史学研究，撰写了针灸研究论著《针灸甲乙经》，他创作的另一部人物传记《逸士传》也曾提及击壤之戏。"尧时有壤父五十人击壤于康衢"，"康衢"是指四通八达的大路，《列子·仲尼》有曰"尧乃微服游于康衢"，意味着尧帝时期大路畅通无阻。"壤父"就是乡村老人，也就是"野老"，"五十人"则指的是游戏参与者的人数，这在当时记载来看，人数并不少，应该属于一种集体游戏，这也与需要在宽阔通达的大路上游戏一致。皇甫谧在《高士传》中就有提及八十岁的老父也在路上玩击壤，同样说明了

▲ 清·冯箕《尧民击壤图》

在当时太平祥和的尧帝时期，人们保持着旷达潇洒的心态。

《风土记》里提到了“腊节”，表明时间大约是在冬季，大概是因为逢年过节的时候不会有农忙，才可以停下脚步来放松一回。“僮少”是指儿童，这暗示了由先秦以至西晋，击壤游戏的群体不仅有童心未泯的乡村老人，也有儿童少年。吴国中书侍郎盛彦曾在《击壤赋》中说，在如此众多的娱乐活动中，唯有击壤最为可取、最是娱乐。击壤与风筝、捶丸这些游戏一样，受环境的影响是极大的，尤其是风势。游戏规则中又有“罪一杀两”的记载，是说击壤之戏有时还伴有赌博惩罚的性质，常常是有筹码的。

南朝诗人谢灵运挥笔写下了“即是羲唐化，获我击壤声”的诗句，让人不免联想起了众人齐乐的场面，又有晋人张协“玄龆巷歌，黄发击壤”，写出了晋朝的儿童在巷子里放声唱歌，而童心未泯的老人则在玩击壤游戏这样融洽的一幕。若是古代没有了击壤游戏，这迟暮之人的生活或许会有些空虚与单调呢！

木制的道具毕竟轻巧，若是泡久了泥水似乎又并不可爱，宋代人们逐渐把击壤的用具换成改良版的砖块了，游戏的规则也有所变化。人们开始习惯用“抛”的方式来替代“击”，

“击壤”游戏演变成“抛堶”。“抛堶”又称“飞堶”，明代杨慎《俗言·抛堶》曰：“宋世寒食有抛堶之戏，儿童飞瓦石之戏，若今打瓦也。”宋代人把用作飞砖游戏的道具砖叫做堶。

堶的形状像什么呢？与先前鞋子状的木块已经完全不同，仅如杯口大小而已，扁扁平平，可以是人们从沙滩上捡来的天然卵石，也可以是经过打磨而成的圆扁石片，但终归是小小的一块石片。若是飞起来，准是有意思的一道美丽弧线。

堶片的轻巧，也使玩法有了多样化，用飞的，用抛的，总之是在空中留下最美的抛物线。梅尧臣的诗《奉陪览秀亭抛堶》里说：“聊为飞砾戏，愈切愈纷如。”飞砾，就是飞堶；一片一片飞在空中，宛如纷纷的雨片，也是甚美的景致。抛堶之戏的规则较之击壤，也有了新的变化。清代西厓《谈徵》里记载：

> 宋世寒食有抛堶之戏，儿童飞瓦石之戏也。即今俗所谓撇老堶也。其戏，儿童以瓦片裁成圆子如钱大，或如杯口大。或三四五六人不等，各先出一子，垛于适中之地，名为老堶。一人作堶主，令众人各藏一子于暗处。藏毕，堶主用手中子转向老堶抛之，抛中者胜。如不中，许众人出所藏子，跟击之，即中者胜，不中输。今多不用瓦石，竟以铜钱抛之赌钱，非戏也。

这里记载的抛堶游戏，主角是儿童。三至六人不等，游戏之前选出一人作为堶主。游戏的道具是用瓦片裁成的圆子，有的如钱币大小，有的则如杯口大小。其实这里没有区分老堶和飞堶用的堶，前者是较小的如钱币一样的堶，比赛时每人出一个并将其垛放起来；而后者是手中飞抛所用的堶，形状较为大些，如杯口状。游戏的时候，堶主第一个玩，他用手里的堶子瞄准那一堆老堶抛掷，如果抛中了并且将里面的堶子撞飞出圈外，则算获胜；如果

▲ 佚名《击壤图》

不中，那么轮换第二人来抛。假使抛中堉子，那么抛出的那一个堉子便归其所有，依次轮换。这样玩耍起来，有了互动和较量，也比拼了瞄准的功力，还可以在户外做一番有趣的热身运动，所以孩子们更乐意玩抛堉。

抛堉之戏开始于宋代的寒食节，是与人们吃冷食不利于消化有关。《荆楚岁时记》有载："去冬节一百五日，即有疾风甚雨，谓之寒食。禁火三日，造饧、大麦粥。"寒食节是在清明之前，三天里禁止放火生火，古人又尤其尊崇礼仪规范，所以人们用麦芽或谷芽熬成的饴糖制作饧饼，还用大麦掺和一些杏子仁熬成大麦粥来当作一日三餐。毕竟是冷食，不容易消化，所以在这几天人们要去户外运动，于是便有了寒食节抛堉的游戏。

明代的娱乐活动并不见得比宋代繁荣，但是击壤游戏传承了下来，只是名称叫做"打柭"。明朝末年刘侗和于奕正编撰的《帝京景物略》里记载了击壤的新发展：比赛之前先准备好两根棒，长棒大约一尺长，短棒二寸长，削成枣核的样子。短棒放在地上，长棒握在手里，用长棒击打地上的短棒，如果能把短棒击起，那就要使其在空中之时再击打一次，看谁击得最远，最远的也就获胜。所以也有了这样的歌谣："杨柳儿活，抽陀螺；杨柳儿青，放空钟；杨柳儿枯，踢毽子；杨柳儿发芽，打柭儿。"这种玩法脱胎于击壤，又较宋朝时的抛堉更复杂一些，考验的还是一种技术。杨柳儿发芽，春意盎然，在户外玩这样轻松自在的游戏最适合不过了。

先人对土地的敬仰与崇拜周而复始地表现在了这些最寻常不过的游戏之中。风调与雨顺，幸福与满足，开怀畅乐与潇洒飘然，在黄发与垂髫的生命个体中不断地渗透，不断地滋养，不断地成为丰厚信仰的积淀。

风劲角弓鸣，将军猎渭城。
草枯鹰眼疾，雪尽马蹄轻。
忽过新丰市，还归细柳营。
回看射雕处，千里暮云平。
——唐·王维《观猎》

# 射箭

传说远古帝尧之时，天空中曾同时悬挂着十个炙热的太阳。炎热弥漫在空气中，大地各处都出现了严重的灾害，庄稼晒焦了，草木也都枯萎了，野兽出没袭扰村民，一片萧条之景。这时出现了一位救世之人后羿。他擅长箭术，能够百发百中。只见他拉开弓箭，向天空中的九个太阳猛力射去，不一会儿，天空出现爆裂的火球，坠落下一只只三脚的乌鸦。最后，天上只剩下一个太阳，而人间也恢复到往常一样的宁静安详。

▲ 射箭武士汉像砖拓片

后羿射日的神话传说代代传诵，不仅因为它寄托着人们对于和平生活的向往，也因为射箭这门技艺在中国古代社会中有着极其重要的地位。

原始社会生产力水平极其低下，人们的捕食能力有限，常常是举着一根长矛状的木棒来刺击动物而获取食物，或者是更为简单的以石块来掷击。人们慢慢发现当面对如兔子、山鹿、羚羊甚至猎豹这些灵敏轻捷的动物时，原始的狩猎手段就显得太过落后了。他们把石块和有弹力的木材或是动物的筋条组合起来制作成弹弓，这样便可以投击更远的猎物了。民谣谚语里“断竹、续竹、飞土、逐宍（肉）”的场景，其实就是砍下竹子，制作弹弓来掷击野兽的情景，多么质朴，又蕴涵着生活的智慧。聪明的人类不断地改进追寻猎物的方法，于是有了“弦木为弧，剡木为矢”的想法，他们渐渐地会制作弓箭，尝试着拉开坚韧而有弹力的弓，当猛地松开箭的下一刻，凶猛的动物就会被利箭所制服。“弧矢之利，以威天下”，似乎从那个时刻起，先民们就不再惧怕凶猛的野兽了，他们可以依靠射击来获取食物和衣物。“古者丈夫不耕，草木之食足食也；妇人不织，禽兽之皮足衣也”，生活变得容易了。

后来，人们开始把心思花费在如何制作一张精巧美观的弓上。春秋战国时齐国人编撰的《考工记》是中国目前所见年代最早的手工业技术文献，在此书的总序中这样描述先人的理念：“天有时，地有气，材有美，工有巧：合此四者，然后可以为良。”在先人的观念里，任何一样精美的器物都需要顺应天时、地气、材美和工巧四大原则，一张弓箭也不例外。《考工记·弓人》记载：制作一张弓需有干、角、筋、胶、丝和漆六种材料。干，以求箭射得远；角，以求箭速快；筋，以求箭射得深；胶，以求弓身黏合紧密；丝，以求弓身牢固；漆，以求弓身能经受霜露。只有这六种材料都臻于完美时，方可做成一把好弓。

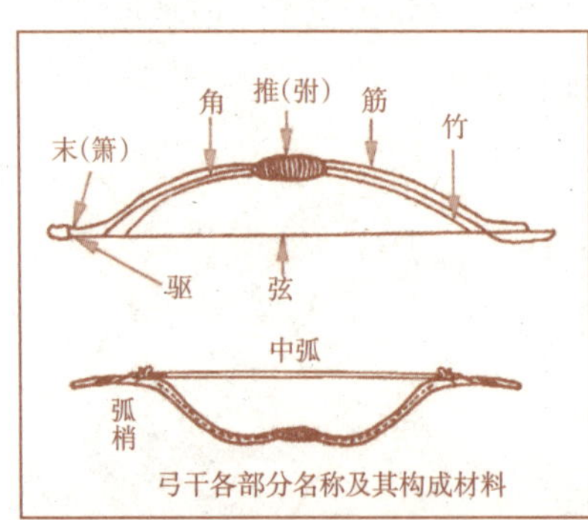

弓干各部分名称及其构成材料

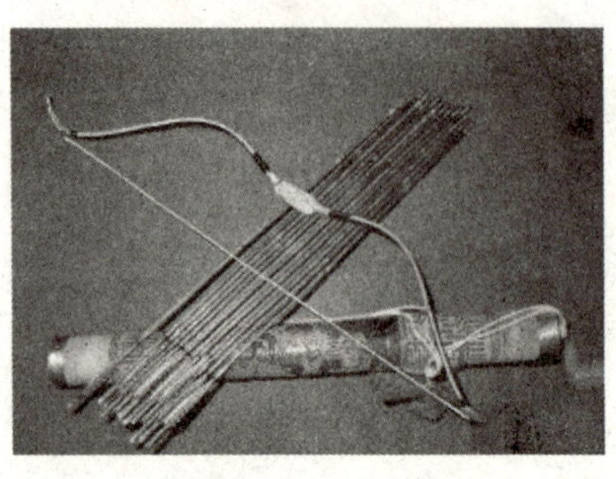

但不要以为这六部分只是机械地组合而已，制作弓还要选在一年中的最佳

时间："凡为弓，冬析干，而春液角，夏治筋，秋合三材。"它的生命唯有经历了冬季寒冽的固形，春季对角的浸渍，夏季对筋的备办，以及秋季对干、角、筋三种材料的整合，才能成为上好的弓箭，才能够真正得到灵魂。而先人的这些严苛的要求也体现了他们对弓箭的工艺追求。

当射箭从一种作为生存能力的保证而变成对高超技能的追求之时，也就有了文明社会里的"射艺"；当先秦的统治者将其作为一种礼固定下来，才最终出现了"射礼"。

不像如今单调的同心圆圈，古人射箭的箭靶做得极为精巧，箭靶称为"侯"。"侯"的中心画有不同的图案，这些图案象征着射猎的目标。《周礼·天官·司裘》里说："王大射，则共虎侯、熊侯、豹侯，设其鹄。诸侯则共熊侯、豹侯，卿大夫则共麋侯，皆设其鹄。"这些不同的"侯"实则按照不同的等级地位来分配，当天子举行射礼的时候，天子所射猎的箭靶有虎、熊和豹三个图案，尤其以虎最尊贵。虎侯是用虎皮来装饰的，大约有一丈八尺长，中心的鹄（天鹅图案）有六尺。鹄也用虎皮制成方形，安在侯的中央。诸侯

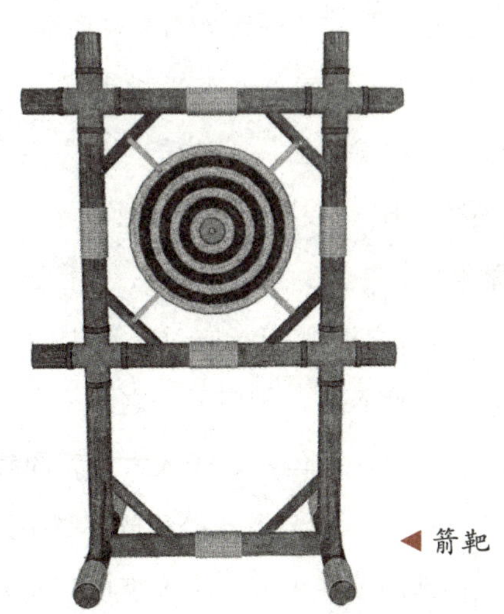

◀箭靶

只有熊和豹的图样，熊侯是用熊皮来装饰，中央的鹄图案也是熊皮，但大小都较虎侯略小。卿大夫只有麋鹿一种图案样式。这样用不同的动物皮毛制成不同的射猎目标，也都是因为射礼源自于最古老淳朴的射猎。

《左传·隐公十一年》里有一句话："礼，经国家、定社稷、序民人、利后嗣者也。"上古尤其是周代的文明礼教是全面而深刻的，渗透到人们日常生活的方方面面，甚至一举一动都有着繁杂的规定。《周礼》将礼分为五类，分别是吉礼、凶礼、军礼、宾礼、嘉礼。射箭在晚商时期还用于战争，但随着周朝的稳定，射箭之术渐渐被当作一种天下太平时的礼仪，所以射礼属于嘉礼，有"亲万民"的作用。把射礼归于礼教习俗，让全民百姓都练习射艺，强身健体之余也不失为提高民族素质的一种好途径。

从先民捕获猎物的手段，到先秦时的射艺，再到西周与礼制相结合的射礼，弓箭的形态似乎没有多大的改变，然而其所象征的意义却在不断地变化。

"射者，仁之道也。"古人是有多么重视射箭呢?

周王朝很早就定下了每一个官学学生必备的六种技能：礼、乐、射、御、书、数，合称"六艺"，其中的"射"就是一项必备技能。先秦时设立"庠""序""学""校"来教导百姓，学校里都学些什么呢？南宋朱熹在《大学章句序》中说："人生八岁，则自王公以下，至于庶人之子弟，皆入小学，而教之以洒扫、应对、进退之节，礼、乐、射、御、书、数之文。及其十有五年，则自天子之元子、众子，以至公、卿、大夫、元士之适子，与凡民之俊秀，皆入大学，而教之以穷理、正心、修己、治人之道。"八岁起，无论是王公贵族还是平民百姓，都需要进入学校，从一些洒水扫地的家务小事到待人接物的处世教育，都是学校里必须教授的知识。在这些学习的项目中，射箭之术的训练成为各级学校学生的必修课程，不仅要求射得精准，还要有极强的穿透力。

射箭的射法有严格的规定，白矢、参连、剡注、襄尺、井仪共五种射法。“白矢”是箭穿靶子而箭头发白，表明发矢准确而有力；“参连”是前放一箭，后三箭连续齐发，矢矢相属，若连珠之相衔；“剡注”是指箭尾高、箭头低，呈削状的射法，谓矢行之疾；“襄尺”是臣子与君王一起射，但臣子必须站在君王后一尺的位置，不可与君王并立；“井仪”就是射出去的四支箭贯通靶子，呈“井”字形。这五种箭法，主要在于锻炼射箭者的力量和精准度。

射礼的应用范围很广泛，并不限于学校。上至君王庆典，下至百姓家宴，都可见到射礼的影子。

在先秦射礼的门类中，不同身份的人参加不同的射礼仪式。射礼分大射、乡射、宾射和燕射四种。大射礼，是天子和诸侯在举行祭祀活动前所行之礼，《仪礼·大射仪》篇有记载；乡射礼，是州乡之地举行的射箭活动，《仪礼·乡射礼》篇有记载；宾射礼，是各诸侯来朝拜天子或诸侯会盟时所行之礼；燕射礼则是天子、诸侯举行宴会时的射箭活动。宾射和燕射是在宴饮时的活动，气氛较为轻松愉悦。

▲《狩猎图》壁画

射礼开始了。第一步是戒射，意思是在行射礼之前需要主持人把相关射礼的事告诉参加人员。第二步是检查射礼所用的器具，以及场地是否打扫干净、器具是否准备周全、侯是否按照规定布置好。第三步是按照参加者的不同身份等级铺设好宴饮的席位并摆放好器具，查看音乐乐器是否就位，因为射礼开始前和结束后往往是要举行宴饮的，宴饮之时会有器乐伴奏，《诗经》中的《关雎》《葛覃》《卷耳》《鹊巢》《采蘩》《采蘋》就是宴会时的音乐。

贯穿射礼的核心过程是“三番射”。当射礼宣布正式开始时，将要进行三轮竞射。每一轮比射，每位射手都只有四支箭。第一番射相当于热身赛，挑选六名射手，按照射艺的水平搭配成能力相当的三组，分别称上耦、次耦、下耦，即所谓“三耦”。每耦又分上射和下射，来进行比拼。顺序是上耦的上射先射，下射后射，依次把手中的四支箭射完；接着次耦、下耦的四人分别比射。但这一轮仅仅是热身赛，不管是否能够射中，都不计入总分。

第二番射是正式比赛。但是这一轮的参加人员略有调整，除去三耦不变以外，宴请的主人、宾客、大夫和众宾都需要参与进来。主人与宾客配合为一耦，主人为下射，以示谦逊。大夫与士为一耦，众宾配成一耦。在射手的三轮射完以后，才由主人等参与者来比射。规则如同第一番射，但是竞射结果要分出胜负，负方是要喝酒的。

第三番射与第二番射略有不同，需要配合着奏响的音乐旋律而射。音乐是在上耦准备射箭的时候随之响起的，司射说“乐以助射”，乐手便开始演奏乐曲。当比赛结果公布后，负方一样要喝罚酒，并向胜方行拱手礼。至此，三番射才算结束。而在三番射结束之后，还有旅酬的礼仪。

《礼记·射义》有言：在大射中，“射中者得与于祭，不中者不得与于祭。不得与于祭者有让，削以地；得与于祭者有庆，益以地”。表现出色的诸侯可以获得封地，射不中的诸侯不但不能参加祭祀而且还要削减封地，可见

▲ 清·顾见龙《骑射图》

练就一身好射功是相当重要的。

慢慢地，智慧的先民不断地更新着自己的思维，采集、狩猎、畜牧、农耕，当人们松开双手的时候，却发现最初被作为生存手段的射箭早已成为融进血脉中的文化记忆。跨越了蒙昧的时代，弓箭真正成为礼乐的习俗，更是附着在民族灵魂之上的一抹痕迹。威武勇烈的天子珍视自己的每一寸土地，从而使得举起的弓箭衍化成另一种形式——射猎。

唐太宗有一首《出猎》，农事闲暇之余，来到这茫茫无际的田野上，当落日映红了天边，当野兽禽鸟都随红日而逝，唯有一支利箭穿梭于簌簌的风中，飞啸而过：

> 楚王云梦泽，汉帝长杨官。岂若因农暇，阅武出辕嵩。三驱陈锐卒，七萃列材雄。寒野霜氛白，平原烧火红。雕戈夏服箭，羽骑绿沉弓。怖兽潜幽壑，惊禽散翠空。长烟晦落景，灌木振严风。所为除民瘼，非是悦林丛。

唐人尚且如此喜好射猎，作为草原民族的满族人对射猎的喜爱就更不必多说了。满族人偏爱围猎，十余人一齐出动，飞驰在马背上。一人是箭主，其余的人负责围拢猎物。围猎绝不是毫无规律的，他们从两边包抄，渐渐地把圆圈缩小再缩小，最终将猎物围聚在中心，此时，箭主一箭射去，猎物就成为囊中之物了。收获着满满的猎物，也收获着一轮晚霞的告白。

“插遍门前杨柳，又是清明时候”，清明时节早有插柳的习俗。“今人寒食节，家家折柳插门上，唯江淮之间尤盛，无一家不插者。”细软的早春柳枝愈来愈茂盛，好似一种赐福，心中便有了生命的力量。古人是信奉柳、崇拜柳的，认为柳树可以预示吉凶，感应人事，大约也是由于柳枝生命力顽强，一插入水中便能成活。视杨柳为灵物，是鲜卑、匈奴一些少数民族的传统，尤其是满族。而最有意思的是，到了被认为是“恶月”即五月的端午之时，柳枝葳蕤萌发，民间出现了一种特别的习俗——射柳。

无论是朝拜天地的祭祀活动，还是祈雨这样的事，都少不了射柳这样的活动。“朝廷每端午节，赐朝官吃糕、粽于午门外，酒数行而出，文职大臣仍从驾幸后苑，观武臣射柳。”皇帝与朝臣百官、贵族子弟在一起观武臣射柳，更多的是轻松愉悦之情而不再有射礼这样隆重肃穆的气氛。这样，射柳的习俗一直贯穿了元明清三代，成为端午节的一项游戏了。《金史·礼志》记载：

> 凡重午日拜天礼毕，插柳球场为两行，当射者以尊卑序，各以帕识其枝，去地约数寸，削其皮而白之。先以一人驰马前导，后驰马以无羽横镞箭射之。既断柳又以手接而驰去者，为上；断而不能接去者，次之；或断其青处，及中而不能断与不能中者，为负。每射，必伐鼓以助其气。

“重午日”就是端午节，仪式结束以后，便开始射柳活动。射柳的胜

负是以能否射中指定的那一根柳枝为标准，若是射断柳枝又驰马前去并能以手接住的才算是最优秀的射手，因此既要求射手有极强的眼力，更需要驾马疾驰之速度，若是能成为胜者，必然拥有精湛的技艺。微风轻轻一吹，细软的五月之柳摇曳飘摆，射箭就愈发困难了。马术与箭术融二为一的活动，恐怕也就只有这射柳之戏了。

到清代中叶以后，射柳之戏渐渐失传了。射箭之术也逐渐成为一种体育项目，成为世界性的一种竞技。

▲ 清·郎世宁《狩猎图》

射箭讲求的是精准，是否能射中目标，心态至为重要。放下功利荣辱，戒急戒躁，方可把所有的精力集中在这支箭上，射箭未尝不是磨炼意志的好方法。所以也有这样的射箭，不去计较眼前的任何一物，索性轻轻地合上双眼，让心境沉淀下来，忽略一切无关于己的杂音，让心灵随箭飞驰。进入更高的境界时，不必说出自己的目标，因为一切的目标都深深地印刻在心中。每个人的远方，都需要带上这样一支箭去飞翔。

能画毛延寿，投壶郭舍人。
每蒙天一笑，复似物皆春。
政化平如水，皇恩断若神。
时时用抵戏，亦未杂风尘。
——唐·杜甫《能画》

# 投壶

杨大年是北宋“西昆体”诗歌流派的代表，写诗作文颇有几分才气。欧阳修《归田录》里这样写这位才子：大年饮酒时不忘玩几把博戏，其间三五门人行酒令、饮花酒，妙趣盎然；又与宾客下几盘围棋，哲思飞涌，在黑白棋子间仿佛穿越过人生的踪迹；一边投壶一边作文，即使喧哗四起也并不能妨碍他泉涌的灵感，而在顷刻之间，千字文言便已经跃然纸上。杨大年的才气自然是令人称道的，而最令人称奇的是投壶作文，可见文人墨客游戏之中也见真性情。

投壶是古代士大夫宴饮时做的一种投掷游戏，在酒席间以矢投入壶口中的多少来决定胜负。此项娱乐活动起源于春秋时期，《左传·昭公十二年》：“晋侯以齐侯宴，中行穆子相。投壶，晋侯先。穆子曰：‘有酒如淮，有肉如坻。寡君中此，为诸侯师。’中之。齐侯举矢，曰：‘有酒如渑，有肉如陵。寡人中此，与君代兴。’亦中之。”那一年，是公元前533年，晋昭公即位，齐景公去晋国祝贺。宴饮席间，要行投壶礼。投

▲投壶汉像砖拓片

壶时，以箭投入壶中为乐，因为晋昭公是主人，所以先投。中行穆子是国相，他夸耀晋国肉山酒海、国富民强，如果投中了就意味着能统帅各诸侯国，结果晋侯投中了；轮到齐景公投壶，他拿起箭，说如能投中，则代君兴盛，结果也投中了。最终，两位霸主不欢而散，这场投壶也就变成了斗壶的故事。诸侯国举行宴会，级别应该算得上是国宴了，在国宴中间行投壶之礼，不难看出春秋时期士大夫对投壶的喜爱。

古汉语中的“宴”与“燕”通假，足以见出周朝时投壶最初就是一种宴会礼仪，也是燕礼的衍化。《礼记·投壶》中郑玄作注：“投壶，射之细也。”投壶，最初是作为射礼的一种。在蒙昧时期，狩猎是人们获得自我生存的一项技能。当人们用狩猎来进行军事训练的时候，也就出现了射礼。射礼融合了礼仪、人文、风俗、道德、体育等形式，而其中的燕射，就是平时燕息之日举行的射礼，往往又与宴饮相合，后来便泛指宴饮作乐。

南宋周密《武林旧事·燕射》记载了淳熙元年（1174）九月孝宗参与的燕射礼：孝宗帝共射五箭，每射一箭后，都有进御酒宴饮并有杂剧表演。射箭之人需戴上头巾穿上丝鞋，甚为讲究，这都是古时人们对燕射的重视。之所以如此注重主人与宾客之间的礼仪行为，其实最根本的原因在于投壶是从燕射中衍生出来的礼仪。就像《礼记·射义》所说的：“射者，

▲汉代绿釉陶投壶

▲元代八卦纹投壶

▲清代铜投壶

仁之道也。射求正诸己，己正然后发，发而不中，则不怨胜己者，反求诸己而已矣。”射箭这项活动是讲究仁道的。射箭时，射手本人要身心端正后才能把箭射出，若射不中也不怨别人比自己强，而是从自身加以反思。投壶源于射礼，射礼又是古代仁道的一部分，所以如果把投壶与仁道相提并论也不无道理。

然而，射礼是庄重的。当庭院太小或是人数不多时，人们往往用投壶来代替射礼。春秋早期的投壶，多是作为一种礼仪来举行，往后人们才把它当作了游戏。

两尊陶壶，八支矢，古代投壶可绝不仅仅这样简单。最早的投壶方法是把矢一一投入盛酒的壶中，主人和宾客面前各置一壶，距离也是规定好的，投壶者跪坐于壶前，谁投进壶的矢多，谁就是赢家。

《礼记·投壶》中记载：“矢以柘若棘，毋去其皮。”矢用柘木或棘木制成，为了让矢相对重一些就不用剥去树皮。根据投壶处所的不同，矢也制作成不同的规格，大致有二尺、二尺八寸、三尺六寸三种，分别用于狭小的室内、略大的堂中和庭院里。壶就是宴饮时盛酒的容器，“壶颈修七寸，腹修五

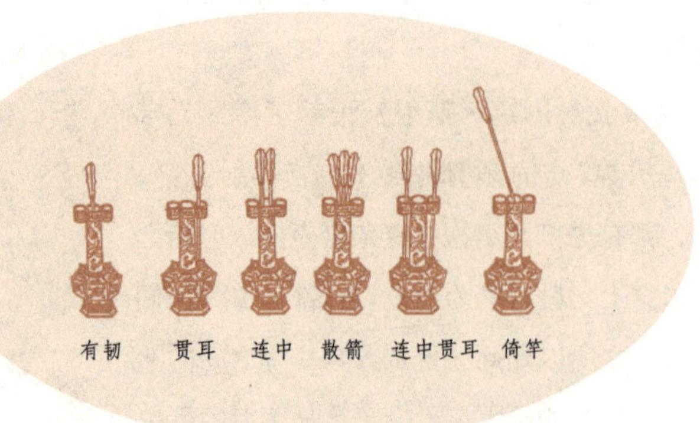


▲ 宋·司马光《投壶新格》中的投壶式图

寸，口颈二寸半，容斗五升，壶中实小豆焉，为其矢之跃而出也”。为什么壶中要放一些小豆子呢？为的是矢投入壶中能插稳而不至于弹出来。算，是计算投中次数的筹码，木制的，长约一尺二寸；马，是用来表示胜出轮次的计数器。投壶共分三轮进行，每一轮主人宾客各投四次，而胜出一轮则需立一马，代表本轮胜出；中，则是盛算的容器。每一轮后输的一位需要被罚酒，所以投壶期间常常伴有鼓乐助兴，用瑟、鼓、鼙等乐器。

投壶中最为讲究的是它的规矩礼仪，也就是投壶礼，大致有这样几个步骤：

**一、请宾投壶，三请三让**

投壶是在宴席中所举行的一项游戏，在宴席进行到一定时候，主人就邀请宾客投壶。《礼记·投壶》记载：“主人奉矢，司射奉中，使人执壶。”这时主人拿着矢，司射拿着中，又派一人拿着壶，邀请宾客投壶。投壶之前必定需要先行燕礼，主人与宾客脱下鞋履，主人站在东阶上，宾客与司射、执壶之人则站在西阶上，有身份地位之别。这时宾客会说一些客气话，觉得主人用美酒佳肴款待已经很满足了，现在又用娱乐游戏来招待，真不敢当。这是第一次礼让。随后，主人再次邀请，宾客再次礼让，如此往复三次，最后宾客向主人行拜礼，并接受主人手中的四支矢。主人答拜，宾客与主人相互行揖礼，两人回到各自的席位上端坐，准备投壶。

**二、度壶并算，进壶规则**

主人与宾客各坐在壶的正前方，壶与人的距离为二矢半，位于两幅楹联之间。司射需要把壶和算放在设定的位置。“日中则于室，日晚则于堂，太晚则于庭，是各随光明处也。矢有长短，亦随地广狭。室中狭，矢长五扶；堂上稍广，矢长七扶；庭中大广，矢长九扶。”这里的“扶”就是四根手指并拢的长度。司射除了放置壶以外，还需要把算放好。算的数量和矢一样，司射把壶放好之后就回到自己的位置并宣布比赛规则，即投壶之礼。投壶之礼，需将箭矢的端首掷入壶内才算投中；要依次投矢，抢先连投者亦不予计分；投中获胜者罚不胜者饮酒。投中一矢，就有一算；四矢投完后胜出那一位，在面前立一马。

**三、投壶行觞，庆贺完毕**

在知道了投壶的规则之后，主人与宾客就开始真正的投壶游戏了。主人先投，宾客次投。每一局结束后，看谁投中的矢多，谁的面前就立一马。然后胜方弟子为负方斟酒。如果双方平手，就不用行觞了。而在三局投壶结束之后，需要为胜方庆贺，即庆礼。

射礼本就是儒家教义中极为重要的一项。礼、乐、射、御、书、数，是儒生们要求掌握的基本知识和技艺，“射”在于塑造一种坚毅勇敢的性格气质。

汉武帝就是个投壶爱好者，常常自己参加投壶，又喜欢在民间搜罗高手。《西京杂记》中说：汉武帝时有一个郭舍人善投壶，他改变了传统的“棘”制木质箭具，而采用了竹箭，去掉壶内小豆，使箭投入壶中立即反弹出来，游戏者接箭在手，继而再投入壶中，如此一投一弹，连续不断，提高了投壶的难度，增加了投壶的娱乐性。此法也叫“骁箭”。

▲明·商喜《明宣宗行乐图》局部(投壶)

投壶这种游戏深受古人的喜爱，它不需要有弈棋这样缜密严谨的技巧与思维，也不需要有像弄潮、舞狮这样高超的技艺，在流行的过程中，投壶的娱乐性更多地被时代所吸收。《经说·投壶》里把当时魏晋时期五花八门的投壶玩法都记载了下来，“隔屏风投之”“闭目投之”，甚至还有“倚竿、带剑、狼壶、豹尾、龙首”的玩法，无不令人称奇叫绝。到了宋代，在杭州的游船上也可以随时玩投壶。《武林旧事·西湖游幸》说，南宋淳熙年间，西湖边画楫轻舫，市井之间一派繁盛，湖上也有层出不穷的娱乐游戏，“吹弹、舞拍、杂剧、杂扮、撮弄、胜花、泥丸、鼓板、投壶……流星、水爆、风筝”等娱乐活动，名目繁多，谁说多媒体时代的都市人就一定更会玩呢？

也有女子参与投壶游戏的，虽然早期投壶限制女子参与，但随着投壶在民间的大量普及，对阶层与女子的限制也随之不再被提起。像在《红楼梦》《镜花缘》《金瓶梅》等文学作品中就不乏对女子投壶的记载。

当现代人开始怀念起旧时光里的传统习俗时，他们穿上端庄文雅的汉服，将先祖的传统延续下去。投壶礼，承载的不仅是游戏，更多的是儒家传统的精髓。

▲ 宋·佚名《投壶图》

# 第四章 桌游与逍遥

得失成败笑平生

围棋

樗蒲

藏钩

双陆

弹棋

麻将

樗蒲

藏钩

围棋

樗蒲

弹棋

藏钩

麻将

双陆

诗人幽忆，感物则思。志之空闲，玩弄游意。局为宪矩，棋法阴阳。道为经纬，方错列张。

——汉·李尤《围棋铭》

# 围棋

也许，有人会笑着劝你："你一认真，就输了。"面对错综复杂的万千世界，太过于执迷与较真，就会发现生活太过沉重。"水至清则无鱼，人至察则无徒。"然而有一寸方圆之地，若是一不认真，那便全盘皆输，这就是弈棋。

二人对弈，其乐无穷也。梁实秋文章里有这样两位酷爱下棋的朋友："警报作，不动声色，俄而弹落，棋子被震得在盘上跳荡，屋瓦乱飞，其中棋瘾较小者变色而起，被对方一把拉住：'你走！那就算是你输了。'"闲来弈棋，竟然这样不可自拔，大概也唯有这场中二人才深得棋中之趣吧。

弈棋，即下棋。古人所下之棋指的是围棋。围棋与人生有相通之处。它们都蕴藏了无穷的变化和无尽的未知。小小一面棋盘，纵横各十九条线，在历史的回荡中交叉相遇，让每一次的选择都充满着期待。东汉马融《围棋赋》有云："略观围棋，法于用兵，三尺之局，为战斗场。"把下

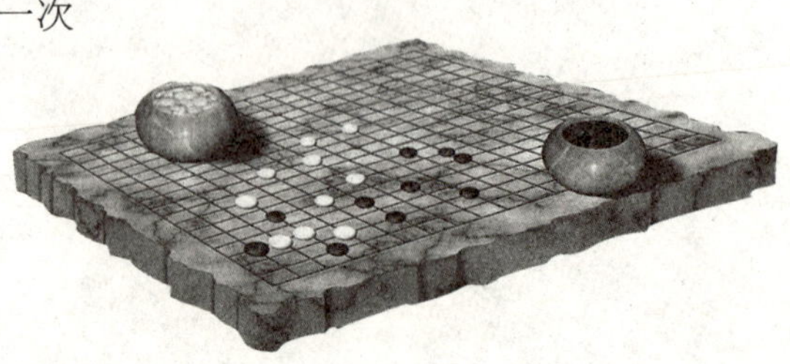

◀ 明·尤求《园林雅集图》局部

棋的策略用于作战谋篇布局、模拟战场，想必也是军事家的构想。

俗话说："琴令人寂，棋令人闲。"弹琴的人容易陷入寂寥的愁绪中，而下棋总是萦绕着一种闲情雅致。不似诗钟只有短短一炷香的时间限制，弈棋常常需要花费大量的时间，在生活节奏缓慢的魏晋时期，下一局雅棋有时需一整天，甚至于好几天。

文人雅士自风流，对于艺术的非功利之美他们有着自觉或不自觉的追求。他们醉心于琴棋书画，迷恋于诗词歌赋，敏感于天地之间的百态人生，以弈棋来修身养性，仿佛将这功名利禄的"争"化作了消遣之用的"不争"。

春秋战国至两汉，弈者对棋，初露端倪。东汉史学家班固因爱好围棋而著有《弈旨》一篇，此文是我国现存最早的一篇关于围棋理论的文章。唐代以前的棋盘与现在略有不同，是十七道而非十九道，总共两百八十九个交叉点。黑白棋子分别放在这些个交叉点上，若是一方的棋子被对方四面围困起来，那么这颗棋子就要被取走，到最后看棋盘上谁的棋子多谁就获胜。早期的棋盘有木制，也有石制，与其他的棋类游戏相似。棋子一般是木制的，也有用犀牛角、象牙、白玉、碧玉来制作的，极为讲究。

三国时，围棋活动遍地盛行，曹操、诸葛亮、关羽，无一不是精通棋艺的名士。魏晋时期有七位贤士，雅称"竹林七贤"，阮籍便是其中"越名教而任自然"的代表人物。放荡不羁自是不必说了，在竹林风声间弹琴亦长啸，狷狂融之于围棋间，唯有这黑白棋子才懂得他"白日故作逍遥态，夜里北风

吹心寒”的心声。竹林意味着疏离市井，而内心却并未真正洒脱，难以排遣的沉郁只能寄托在围棋中。

也正是在三国两晋之时，弈棋逐渐成了文人名士必须具备的技艺，就像一种身份的象征、人格精神的体现。

《梁书·朱异传》中有言：“天下唯有文义棋书。”谈论文史经义、弈棋、挥毫泼墨是南朝的社会风尚。《晋书·王廙传》：“工书画，善音乐、射御、博弈、杂技。”把弈棋与书画、音乐、射箭和杂技放在同样的高度，可见“棋”的地位相当之高。西晋名士裴遐，时人称其为“玉人”，全在于他平和冲淡，性情宽厚，史书这样评价他：“（裴遐）又尝在平东将军周馥坐，与人围棋。馥司马行酒，遐未即饮，司马醉怒，因曳遐堕地。遐徐起还坐，颜色不变，复棋如故。其性虚和如此。”裴遐与人下棋，因未能及时饮酒而被狼狈地拖倒在地，而裴遐却慢慢起来回到座位，依然神色不改，淡定地继续下棋，真是达到了旷达淡定的境界。

三国时史学家韦曜也嗜好弈棋，著有《博弈论》。其时盛行围棋，他描写当时的情景说：官僚士大夫大多都不务实，喜欢玩乐尤其是下棋，甚至到了废寝忘食的地步。弈棋的

▲明·尤求《围棋报捷图》

乐趣无穷，以至于忘记吃饭和睡觉，点着蜡烛照到天明，也依然继续沉迷于黑白棋子间，可以看到古人对弈棋的热衷程度了。

《棋经》是宋朝时出现的一部在我国围棋发展史上占有特殊地位的著作。比起《弈旨》《博弈论》这些以往的围棋理论，在一些重要问题上，论述更加深刻、更加全面了，而且还第一次阐述了棋手的品质作风等问题。书中提出了“胜不言，败不语”“安而不泰，存而不骄”等评价棋手品质作风的标准，认为这关系到一局棋的输赢，关系到棋手水平的高低。这些观点至今还为棋手们所称道。

赛龙舟、舞狮或弄潮，对参与的人群有严格的要求，而弈棋却是大众的娱乐。士人自然是不必说的，僧人、道士、女子、儿童也都喜欢下棋，有的甚至还精通棋艺。唐人李延寿《南史·崔慧景传》记载：

> 东阳女子娄逞变服诈为丈夫，粗知围棋，解文义，遍游公卿，仕至扬州议曹从事。事发，明帝驱令还东。逞始作妇人服而去。叹曰：“如此之伎，还为老妪，岂不惜哉？”

▲ 清·陈枚《月曼清游图·闲亭对弈》

这位娄逞是一位东阳女子，女扮男装，精通围棋，并凭借其才华做官至扬州议曹，最后被识破身份以至于返回家乡东阳。女子在中国古代的地位从来是低的，而围棋却是不分性别。

在宫廷中，嫔妃宫女往往会下棋来打发时光。张籍《美人宫棋》就这样描写宫女弈棋："红烛台前出翠娥，海沙铺局巧相和。趁行移手巡收尽，数数看谁得最多。"又有王建一首《夜看美人宫棋》："宫棋布局不依经，黑白分明子数停。巡拾玉沙天汉晓，犹残织女两三星。"这首诗十分生动地描写了宫女们下棋时的高超技艺，她们不按照棋经中写法而自创围棋的布局法。不难看出，在这偌大空荡的宫廷之中，宫女们也会自寻雅兴，即便是挑灯夜战也是饶有趣味。

有的人，视弈棋为消遣的工具；有的人，则凭借弈棋争宠得利。

尤其是在宫廷中设立了专门弈棋机构和职位之后，弈棋就愈发成为热门的娱乐活动了。早在南朝时，朝廷中就已为围棋专门设有棋艺高低的"棋品制"。类似于官员的品级，把棋手按照比赛中水平的高低分成九个等级，"一曰入神，二曰坐照，三曰具体，四曰通幽，五曰用智，六曰小巧，七曰斗力，八曰若愚，九曰守拙"，这是《艺经》里所划分的标准，也反映了当时弈棋深远的影响力。

从唐代起，翰林院就设有"棋待诏"这样的官职，用来招揽国内围棋的高手。皇帝喜好围棋，自然需要与之对弈的棋手；除此以外，棋待诏还须与宫廷外的高手过招，参加围棋比赛，或著书立说，可以说是实践与理论综合的职业高手。在唐代就已有较为出名的棋待诏，如王叔文、王积薪、顾师言等。宋代，棋待诏也依然是宫廷中必不可少的职位，他们的俸禄也很诱人，所以一些人为了能够进阶高官苦练棋艺。可是如果把棋待诏看成了"铁饭碗"那就大错特错了，常常有人因一时之误而丢了饭碗，甚至被严重责罚，他们平日恐怕也是半颗脑袋悬着的。

南宋有位棋待诏名叫沈之才。一次，他在宫中与人对弈，宋高宗则观

棋。高宗见沈之才棋局中有危急，说："须仔细。"沈之才立刻接话说："念慈在兹。"没有料到高宗勃然大怒，说道："技艺之徒，乃敢对朕弄经语！"随机将沈之才罚二十竹篦并逐出宫中。棋待诏虽地位颇高，却也不过是皇帝的娱乐工具。

弈棋也分类别，一为竞争型，一为娱乐型。竞争型的往往与赌博联系在一起，押上赌资，少至一两二两，多至一间房屋，也是时有的情况。棋局中，百态人生尽收眼底。是豪放不拘，是镇静自若，是机智敏捷，是急躁焦灼，什么样的性格都能反映在棋面上。但无论怎样，下棋总是要争的，不争，便失去了弈棋的意义。谁说不是呢?

倘若有几位观棋者，大概情趣也更多一些。梁实秋引李渔《闲情偶寄》说："弈棋不如观棋，因观者无得失心，观棋是有趣的事，如看斗牛、斗鸡、斗蟋蟀一般，但是观棋也有难过处，观棋不语是一种痛苦。"李渔的这番话是不假，南朝梁沈约《俗说》载东晋名士殷仲堪看棋轶事："殷仲堪在都，尝往看棋，诸从在瓦官寺前宅上。于时袁羌与人共在窗下围棋，仲堪在里问袁《易》义，袁应答如流，围棋不辍。"殷仲堪一面看棋，一面与袁羌对话《易》理，功夫实在了得！

西方的普希金、托尔斯泰、屠格涅夫、列宁等亦是棋迷；中国的王积薪、顾师言、范西屏、施襄夏，理论实践都在行。弈棋无国界，说的也是这个道理。

▲ 佚名《荷塘长亭群贤雅集图》局部

锦褥花明满殿铺，宫娥分坐学樗蒲。欲教官马冲关过，咒愿纤纤早掷卢。

——唐·和凝《宫词》

# 樗蒲

五代十国间有位花容月貌的才女花蕊夫人，洋洋洒洒写下百余首《宫词》。“三面宫城尽夹墙”，偌大的宫城里尽是春风桃李好风景，亭台楼宇小情趣。立春之后，宫中最是美景任意，宫里之人也都不绝于池边球场，玩起各种适合春天的游戏：有“自教宫娥学打球，玉鞍初跨柳腰柔”的打马球，也有“侍女争挥玉弹弓，金丸飞入乱花中”的击弹弓；有“内人稀见水秋千，争擘珠帘帐殿前”的水秋千，也有“日高房里学围棋，等候官家未出时”的弈棋；有“寒食清明小殿旁，彩楼双夹斗鸡场”的斗鸡，更有“内人深夜学迷藏，遍绕花丛水岸傍”的捉迷藏。在这明媚春光之下，这花红柳绿之间，无不见少女嬉戏玩乐的身影。除了如此众多有趣的游戏之外，还有一项女子也很是喜欢的博戏——樗蒲。

樗蒲，又称为五木、呼卢，是古代六博游艺的衍生，是类似现代飞行棋的一种博戏。博戏的本质便是博，民间用来赌输赢、分胜负的游戏，骰子、麻将、纸牌是它的形式，也有以斗鸡、射覆这一类游艺演化为博戏的。而到了秦汉之时，

▲ 陶博戏俑

悄悄流行起了樗蒲。为何称其为樗蒲？是因为博戏中用于掷采的骰子是用樗木制成，樗是一种乔木，蒲又是博的谐音，所以称为樗蒲；又因游戏规则是五枚骰子为一组，所以又叫五木。五木骰子又被简称为“齿”，掷得采名称为“齿采”。

骰子是用五块长而扁的木头做成，宛若一枚扁状的橄榄，中间鼓起，每一枚都有正反两面：一面涂黑，画牛犊；一面涂白，画雉。如此一来，这五枚的组合就有十二种形式，十二种不同的“采”便各有其名，也各有其“采”——这里“采”指的是其“分值”。其中以卢（五子全黑）、白（五子全白）、犊（二犊三白）、雉（二雉三黑）四采出现的概率最小，难度自然也就最高，所以也称作“贵采”。其他采则称为“杂采”。其中一掷五子全黑的“卢”为最高之采，人们在游戏的时候常常大喊“卢”，希望博得头彩，所以樗蒲也称为“呼卢”。“呼卢喝雉”的成语也缘于此。

▲ 水族纹樗蒲骰子

樗蒲最初是古时西戎的胡人所创，后被引入中原。《事物纪原》引西晋张华《博物志》云：“樗蒲，老子入西戎所造，或云胡亦以此卜也。”这里虽然认为樗蒲是老子去西戎时所造，但也说或许是胡人作占卜之用。而东汉马融所写的《樗蒲赋》中有记载：“伯阳入戎，以斯消忧。枰则素旃紫罽，出乎西邻，缘以缋绣，绁以绮文。”是说玩樗蒲之戏为的是消解一份忧愁。其中所用的枰（即棋盘）是用毛织物做的，无论是其边缘的绘画还是纹饰花样，都是古印度或者西域的少数民族特色，因此樗蒲并非中国本土的游戏。

那么，樗蒲的游戏规则是如何的呢？《樗蒲赋》里有一些记载：

枰则素旃紫罽，出乎西邻，缘以缋绣，紩以绮文。杯则摇木之干，出自昆山。矢则蓝田之石，卞和所工；含精玉润，不细不洪。马则玄犀象牙，是磋是砻。

杯为上将，木为君副，齿为号令。马为翼距，筹为策动，矢法卒数。于是芬葩贵戚，公侯之俦，坐华榱之高殿，临激水之清流。排五木，散九齿；勒良马，取道里。

前文所述的是关于樗蒲的器具材料。东汉时樗蒲器具主要包括枰（用毛织物所制成的棋盘）、杯（用以摇骰子的杯子，供掷采所用，出自昆仑山的为上乘）、矢（算箸，用以计算齿采多少，以陕西的蓝田玉石为材料加工制成，而春秋时的楚人卞和所加工的蓝田美玉最佳）、马（即“码”，是指樗蒲的棋子，参加游戏者一人可执四至二十枚，最好的便是用黑色的犀牛角和象牙来制作）、筹（赌注）。

更为具体的玩法，在唐李肇《国史补》卷下《叙古樗蒲法》有较为详细清晰的记载：

洛阳令崔师本，又好为古之樗蒲。其法：三分其子，三百六十，限以二关，人执六马，其骰五枚，分上为黑，下为白。黑者刻二为犊，白者刻二为雉。掷之全黑者为卢，其采十六；二雉三黑为雉，其采十四；二犊三白为犊，其采十；全白为白，其采八：四者贵采也。开为十二，塞为十一，塔为五，秃为四，撅为三，枭为二：六者杂采也。贵采得连掷，得打马，得过关，余采则否。新加进九退六两采。

▲樗蒲汉像砖

这已是一套较为成熟的樗蒲玩法。用一百二十枚或三百六十枚“矢”排列成三节，节与节之间留出空间叫做“关”，共有两处。每关之前设有一个棋位为“坑”，紧贴着后一个棋位为“堑”。游戏开始时，所有棋子都在起点上，每人各分得若干“马”，玩家依次将放有五木的杯子摇晃直至骰子全部掷出，根据自己投掷的采点行马。如果自己一方的马相遇，则可重叠而行；若是遇到对方的马，就可以把对方打下去。这与如今的飞行棋玩法类似。

采数也是有规定的，例如“卢”则为贵采，可进十六步，“雉采”可进十四步，“犊采”十步，“白采”八步，其余也有若干不同的采数，唯独“黑黑白雉雉”这一组为退六，也就是掷中这组的人需要后退六步。这就是最初樗蒲的玩法，相对简单，也并没有太多的技术难度，大多凭借的是摇掷时的运气，所以樗蒲最初在西戎之地也被用作占卜之用。

早期的樗蒲都是要行棋的，《樗蒲赋》《国史补》《五木经》等史籍，都有关于樗蒲之戏的具体情况。如此浩大的一盘棋玩下来，三五之人恐怕也需要花费一个多时辰。对于消遣时光的人来说，不失为一种选择。倘若是那些缺乏闲情逸致又计较输赢的人，那么之后所演变而成的玩法则是最适合他们的了。

魏晋时期礼崩乐坏的社会现实，压抑着许多人，亟须解脱苦闷的人，往往为了一时快活，便任凭饮酒赌博麻醉抑郁的心灵。樗蒲之戏从而变为一种玩法更简单的博戏。只需要掷采一把手中的五木，看谁的采数最高，谁便是赢家。从此，樗蒲的胜负就更大程度上地依赖于运气，而不取决于技巧了。

玩法既然不再繁琐，那么也更加容易被人们所接受了。上至帝王嫔妃，下至平民百姓，无不喜爱樗蒲之戏。《晋书·胡贵嫔传》记载，晋武帝司马炎

▲ 唐·张萱《唐后行从图》局部

当时专宠胡贵嫔，经常与她玩樗蒲。一代女皇武则天也十分喜欢樗蒲，常在宴会上与宠臣张昌宗、张易之和武家兄弟娱乐游戏。“每因宴集，则令嘲戏公卿以为笑乐。若内殿曲宴，则二张、诸武侍坐，樗蒲笑谑，赐与无算。”可见武则天是多么沉迷于樗蒲之中。

杜甫曾有抒发少年豪放之意的诗《今夕行》，写的是除夕之夜在咸阳一座客栈里守岁，闲来无事，便想找些欢娱玩起了樗蒲。其间借用典故淡淡地感叹道：“英雄有时亦如此，邂逅岂即非良图。君莫笑，刘毅从来布衣愿，家无儋石输百万。”英雄也有失意时，又怎能错过一刻良辰呢？杜甫的这最后两句诗，借用的就是历史上一场著名的豪赌故事。

诗中提到的刘毅，是晋朝名将，少有大志，性情刚猛武断。身为武将的他并不富裕，却很喜欢赌博，而且出手极为阔绰。他与南朝开国皇帝刘裕曾一同打过天下，共同消灭桓玄，执掌了朝政大权。随即，两人之间开始了明争暗斗。一天，两人聚集众将士在东府玩樗蒲之戏，每次输赢都有数百万钱。在座众人都掷得了“黑犊”，唯独剩下刘毅和刘裕。刘毅先掷，得了一个“雉”，惊喜万分。他绕着床大笑说：“不是不能掷一个‘卢’，只不过是我不愿意罢了！”此时，刘裕听了稍有不悦，不以为然，便拿过五木搓了一会儿，边搓边说：“待老兄我来替你试一试。”不一会儿，五木掷出了四个黑子，唯有一枚还在转圈。刘裕大喝一声，随即落下而定，近身一看竟然掷出了

"卢"！刘毅顿时脸色铁青，过了好一会儿才回过神来，对刘裕说："我知道你是不肯给我这个面子。"此樗蒲之赌以后，素有"盘龙癖"的刘毅一次次在政治上陷落，失去了大权，直至兵败身亡。而刘裕则黄袍加身，终于做了一国之君。桓玄因好赌成性而丢失了江山社稷，没有料到这刘毅也因嗜赌，财权两茫茫，真是可笑亦可悲。

迷惘的年代，似乎才可以任意地放浪形骸，也容易让心灵抵达更为纯净潇洒的境界。也许是文人的率性再一次涌起，在更迭混乱的魏晋时代，才有了风雅的品诗之境。"遵四时以叹逝，瞻万物而思纷"，人世间的所有悲怆喜乐，在簌簌萧萧的晚秋之风中化为最理性的思索。在他们看来，竹林里的饮酒畅谈也好，溪水旁的曲水流觞雅集也罢，都与赌博之戏并无二致，士大夫俊逸的性情又何须拘泥于那些规矩呢？

颖悟、超脱与放纵，用看似并不和谐的节奏与色彩融成一幅时代风度的画像。樗蒲之戏，于是成了魏晋时期以及之后唐代初期盛行的娱乐活动。

"饮酒妨生计，樗蒲必破家。但看此等色，不久作穷查。男年十七八，莫遣倚街衢。若不行奸道，相构即樗蒲。"穷查，即穷鬼。把樗蒲等同于"破家"和"奸道"，足见当时有多少青年男子因玩樗蒲而家破人亡、人财两空啊！"小赌怡情，大赌伤身。"赌博成性，难以自拔，樗蒲也因此遭受社会的谴责。诸如六博、藏钩、弈棋、斗鸡、斗草、投壶这些原本纯粹的游戏也都有了赌博的影子。唐朝政府下达《唐律疏议》，明文规定"诸博戏赌财物者，各杖一百"，赃重者按盗窃罪加倍惩治，所以在唐以后，樗蒲之戏的风头渐渐被压制了。

有人把输赢看得比命还重要，争得脸红脖子粗；有人却挥洒成败，一笑而过。唯独那些虽沉迷其中但不计较输赢的玩家，才是樗蒲之戏的最大赢家。

分朋闲坐赌樱桃，
收却投壶玉腕劳。
各把沉香双陆子，
局中斗累阿谁高。
——唐·王建《宫词》

古代的诸多游艺之中，要说论谁最雅，实在难以较量个高下：饮酒时离不开名目多样的酒令，文人雅士喜欢抛出许多雕琢的诗词联句或者以一字来去飞花，切磋学问功底；喝茶讲究茶艺，因此又在品茶上赛出个斗茶之戏，茶具的优劣、水色的清浊、汤花的剔透，饮茶之余便有了茗战；为祓禊以求吉祥，便雅集于水滨曲水流觞。停杯取饮，吟诗天地自然，潇洒于竹林之外，罚酒三杯也并没有怨色。古人用雅致的情趣为生活点赞，抛却一世的孰是孰非，在游艺中从容地花销余生。

古人对棋盘游戏情有独钟，樗蒲、六博、围棋、双陆、握槊虽然有许多相似之处，但形制各有千秋。最受唐代人喜爱的棋盘游戏便是这雅戏——双陆。

▲ 六博汉像砖拓片

据《山樵暇语》记载："双陆出天竺（今印度）……其流入中国则自曹植始之也。"双陆起源于古代的印度，最初可以追溯到古印度的棋戏"婆罗塞戏"（梵文 Prasaka）。这是一种模拟战场的游戏，随着佛教的东传于三国曹魏初年进入中国。双陆盛于南北朝、隋、唐，但隋

以前的史籍中，谈及双陆者鲜见，到了唐代记载才多起来。

《资治通鉴·神龙元年二月》云：“双陆者，投琼以行十二棋，各行六棋，故谓之双陆。”“琼”即骰子，为正方体，六面镂点。现今流传的骰子，即与双陆之骰同形。

双陆为二人博戏，双陆也就是双六，所以在早期的玩法里，双陆是每人各十二枚棋子，左右各有六路。直到南宋时期，才渐渐把棋子增添到黑白各十五枚。

双陆的棋盘呈长方形，形状与围棋棋盘相似，只是长宽都小了许多。左右各刻有一个半月牙形状的“门”，像极了现在足球场的两大球门。每一侧的门两边都刻有六个圆点，标志着左右各六路，被称为梁。明曹安《谰言长语》里说的“双陆盘中彼此内外各有陆梁”，说的就是这两种形制。

▲ 明代紫檀嵌象牙双陆棋盘

至于棋盘的制作，也是丝毫不逊于樗蒲那样的讲究。樗蒲棋盘最初是从西戎引进的，自然而然带有异域的民族特色，棋盘上总是有各种各样精美的纹织物，清代时还选择绫、罗、锦、庄花缎这样御用的贡品来做，别致又雅气。双陆略有不同，因为需要刻画，所以喜欢下棋的文人墨客大多愿意以花梨木、沉香木这样贵

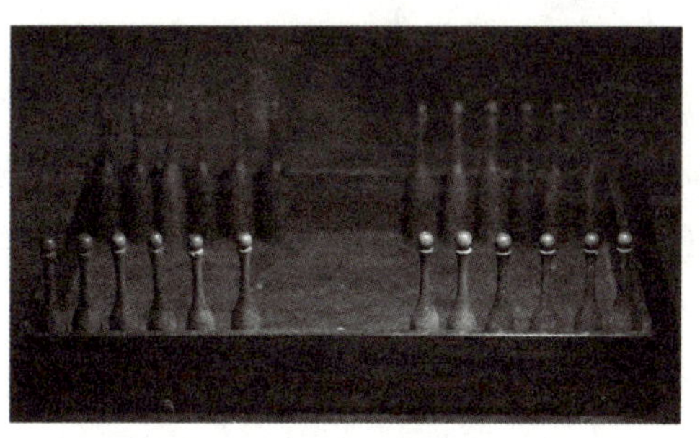

▲ 双陆棋子

重的木材做板面。比如，南皮、三佛齐、阇婆、占城、真腊双陆都是以花梨木为底板，而少数民族大食双陆图案美艳，又有清晰的纹路，多以毡纺织物进行编织，也便于收纳。

方形的棋盘和圆形的棋子，很容易让人联想到天圆地方，加上黑白棋子错落其中，这一下起棋来，你来我往，周而复始，颇有许多玄妙的人生意蕴。

棋子被称作"马"，这是古代棋面游戏所通用的。不像樗蒲用名贵犀牛角作棋子，双陆所使用的棋子一般是木质。南宋洪遵《谱双·盘马》里说，用白木制作成白马，用乌木制作成黑马，只有富贵的玩家才喜欢用犀牛角来制作马。也有用黄杨木或者象牙、桄榔木或者乌梅木分别来制白马黑马的。不同的木料对工艺也有要求，这时工匠往往把底部磨平，然后雕刻出细细的柄，便于拿捏。

▲ 清代象牙双陆棋子

> 双陆最近古，号雅戏。以传记考之，获四名：曰握槊，曰长行，曰婆罗塞戏，曰双陆。盖始于西竺，流行于曹魏，盛行于梁、陈、魏、齐、隋、唐之间。

这是洪遵在《谱双》序中的说法，说的是双陆在古代另有三种名称：握槊、长行、婆罗塞戏。但实际上双陆与这三种并非是同一种游戏，只是玩法相似而已。双陆起源于西竺，西竺就是天竺印度，当是属于西部的舶来品。在《谱双》一书中，双陆有许多种类，像回回双陆、三佛齐、阇婆、南

◀唐代双陆棋盘

皮、广州双陆、东夷双陆等，且往往又都是经丝绸之路来到内陆，三国时期开始出现，到了南北朝时已经遍地流行了。

为何古人常会把双陆与握槊、长行混为一谈呢？握槊与长行实为同一游戏的不同叫法，握槊的行棋规则是怎样的，现在已很难考证。但握槊的棋子是黑黄各十五枚，这就是与双陆的最大区别。

唐人王建曾有一首《宫词》，这样写双陆：

分朋闲坐赌樱桃，收却投壶玉腕劳。
各把沉香双陆子，局中斗累阿谁高。

宫女们闲来无事，分了几组赌樱桃取乐，先是玩投壶，投壶累了就拿出一盘双陆来继续。她们所用的马就是用淡淡清芬的沉香木所制，多受女子喜爱，好不清雅。也有把人当作棋子来玩的双陆，选出的十二人分别穿上两种颜色的衣服，站在放大的棋盘上，娱乐大众。

双陆的两只骰子，与现在下棋流行的正方体骰子并无不同，只不过材料更为讲究一些。古人多用玉石来制，每一面刻上不同的点数，用以行棋。

《红楼梦》第八十八回《博庭欢宝玉赞孤儿　正家法贾珍鞭悍仆》里就有这么一回双陆之戏。写的是鸳鸯同小丫头来到贾母房中，正巧看见贾母和李纨在激烈地打双陆。李纨的骰子掷得好，采数真是巧妙极了，掷出没几把就把老太太的马给打下去好几个，引得鸳鸯忍不住抿嘴笑起来。这样看来，骰子的掷采是最关键的。

掷一把骰子，“咕噜噜”转到两只骰子停下来，依照骰子朝上面的点数行棋，一方行完则换另一方掷采。以谁能先走到对方一面为胜，和现在的跳棋极为相似。黑白棋子各六枚，行棋的时候可绝非仅仅是行走到对方任意位置就算赢了的，必须把原先在左边的黑马走到对方的右边，而原本在自己一方右边的白马行到对方的左边。这样一来，尤其是行棋到中间相遇的时候，双方的马就很容易相遇而厮打起来。

唯一区别于跳棋的，是跳棋的子不可以被打下去，而双陆可以打下与对方相遇的马。骰子所掷出的采数，既可以用一马来行，也可以行任意二马。比如，两只骰子掷出了六和三，那么一马先行六步，另一马再行三步。双陆的玩法比起樗蒲、打马要复杂得多了。

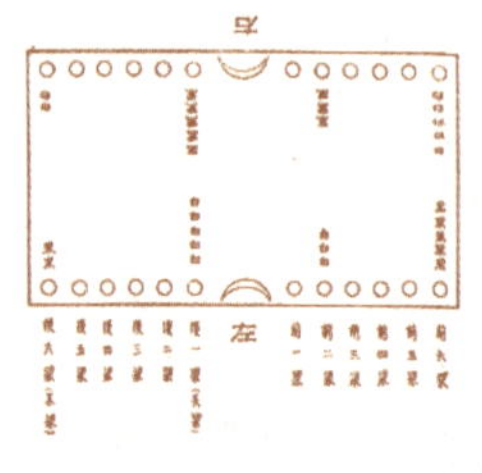

▲《谱双》所载打双陆图

看似繁复错乱的行棋规则，却流行于后来的时代。尤其在唐朝，微雨清茶下，玩上一盘双陆是极为时髦的。唐代画家周昉曾画过两幅有关双陆的绘画。《杨妃架雪衣女乱双陆图》描画唐玄宗与人玩双陆要输时，杨贵妃故意放白鹦鹉（即雪衣女）扰乱棋局。另一幅《内人双陆图》，内容就是两个风姿绰约的仕女分坐两边悠闲地打着双陆，一旁的丫鬟相侍而立，神情专注。

敦煌变文《悉达太子修道因缘》说：“尔时净梵大王，为宫中无太子，忧闷不乐。或于一日之中做一梦，梦见双陆频输。即问大臣是何意，大臣答曰：‘既是陛下梦见双陆频输者，为宫中无太子，所以频输。’”据说，此变文就是民间艺人据武则天立太子一事而来的。一代女皇武则天，也是一位迷恋双陆的地道玩家，甚至到了“数梦双陆不胜”的境界。有一段时间，武氏频繁地梦到玩双陆一输再输，不知是什么道理，心事重重地召来宰相狄仁杰。却不想狄仁杰回答说，双陆不胜是无太子的意思，这是上天借双陆在警告陛下。其实狄仁杰是伺机劝武则天立庐陵王李显为太子。没想到武氏深信不疑，从此打消了立侄子武三思为太子的想法而让李显重新执政。恐怕就连武则天也没有想到，所立的太子李显，竟然同样是一位嗜恋双陆的君王。

▲ 唐·周昉《内人双陆图》局部

据《旧唐书》卷五十一《后妃上·中宗韦庶人传》记载：中宗曾“引武三思入宫中，升御床，与后双陆，帝为点筹，以为欢笑”。中宗、韦后、武三思，由于长期受环境熏陶，也都喜好玩双陆。

深宫之内，如此迷恋双陆之戏，那么民间又是如何一番景象呢？

唐咸亨年间，贝州有一位奇人叫潘彦。据唐人张鷟《朝野佥载》记载，潘彦酷好双陆，不管走到哪里，棋盘等器具从不离身。曾有一次他乘船出

▲ 载于《事林广记》的双陆图

海，突然遇到暴风袭来，在这紧急万分的关头，他右手抓握着一块漂浮着的木板，左手紧紧抱着双陆棋盘，嘴巴里竟然还衔着双陆骰子！漂了一夜，直到上了岸，两只手都已经伤痕累累，棋盘依旧不离手，骰子也仍含在口中。这真是一个视双陆比命还重要的奇人啊！

或许正是由于双陆是思维的较量，切磋得出水平高下，而不像樗蒲一样只有占卜运气的玩味，所以自认为有智慧的人往往都喜欢玩双陆。元代戏剧家关汉卿有一套曲《南吕・一枝花・不伏老》这样写道：

> 我是个普天下郎君领袖，盖世界浪子班头。愿朱颜不改常依旧，花中消遣，酒内忘忧；分茶攧竹，打马藏阄；通五音六律滑熟，甚闲愁到我心头？……
>
> 我玩的是梁园月，饮的是东京酒，赏的是洛阳花，攀的是章台柳。我也会围棋、会蹴鞠、会打围、会插科、会歌舞、会吹弹、会咽作、会吟诗、会双陆。你便是落了我牙、歪了我嘴、瘸了我腿、折了我手，天赐与我这几般儿歹症候，尚兀自不肯休。

关汉卿把会打双陆与吟诗吹弹放在一起，以示自我不凡的气质。倘若要彰显自己有高雅的情趣和脱俗的品位，就不能不说自己是精于双陆、围棋、打马、藏阄这几样游艺的，风雅就成了双陆的一面标签。

然而赌博的风气在各个时代都不会消停，放浪形骸的魏晋是如此，盛世峥嵘的唐代社会也是如此。哪怕是贞观时期以一部《唐律疏议》昭示天下来禁止赌博之戏，也难以让每一个人摆脱冒险刺激的诱惑。

六博、樗蒲、握槊是早已被列为博戏的，而诸如弈棋、藏钩、投壶、双陆这些原本高雅之戏也会成为赌博的形式。就像《国史补》里所言："长安风俗，自贞元侈于游宴，其后或侈于书法图画，或侈于博弈，或侈于卜祝，或侈于服食，各有所弊也。"不能不说唐代人对娱乐有着很高的追求：对宴饮游乐的追求、对服食妆饰的讲究、对娱乐消费的不惜代价，唐人都孜孜不倦。武则天自从梦见双陆频输之后，改变了立太子的想法。狄仁杰也是好赌的，他与武氏的男宠张昌宗玩双陆，赢得了武后曾赐给张昌宗的一件名贵珍稀的集翠裘，这就是历史上著名的狄仁杰"双陆赢裘"的故事。

明清时期，叶子戏最时髦，双陆便不再风光。《金瓶梅》《红楼梦》《镜花缘》《风筝误》这些小说戏曲中偶有简单的描写。西门庆就学得一身好拳棒，又会赌博、双陆、象棋等，各种游戏无不通晓，也算是多才多艺；潘金莲也会双陆，在家无事时便约人打几回。明人孙蕡有《闺怨》一诗："对盘双陆打黄金，挂树朱栊伫百禽。还是爱他延日子，免教提起别时心。"赌性起来的时候，任何千奇百怪的事物都拿来当作赌注，连家禽、翠裘、名画都可以入注，那么黄金白银又算得了什么呢？若不是与赌博沾上关系且越演越烈，双陆也不会受朝廷排挤，日渐式微了。

如今已销声匿迹的双陆之戏，殊不知曾是中国古人过往岁月里的瑰宝。柳絮柔风下，兰亭流水旁，若与一人饮清茶打双陆，想必就是最美的情致。

弹棋玉指两参差，
背局临虚斗著危。
先打角头红子落，
上三金字半边垂。
——唐·王建《宫词》

# 弹棋

有一种棋，似棋非棋，那便是弹棋。

弹棋，最在乎一个“弹”。最初，弹棋是从蹴鞠衍生而来的。西汉学者刘歆所著、东晋葛洪辑抄的《西京杂记》中记载了弹棋的来历：

> （汉）成帝好蹴鞠，群臣以蹴鞠为劳体，非至尊所宜。帝曰：“朕好之，可择似而不劳者奏之。”家君作弹棋以献，帝大悦，赐青羔裘、紫丝履，服以朝觐。

蹴鞠是一种类似于足球的运动，是男子热衷的游戏。早在汉高祖刘邦时，蹴鞠就已经是宫廷里热门的体育运动了，高祖为此还专门设置了一块蹴鞠场地，晴空丽日里，便召来群臣与之交手。汉成帝也偏爱蹴鞠。直到晚年，汉成帝依然不改玩乐本色，经常想要在蹴鞠场上一显身手。然而，他毕竟是尊贵之身，若是运动起来稍有闪失，扭了腰或是折了腿，那可是天大的事。为此，群臣就向成帝劝谏。成帝说：“我喜欢蹴鞠，若有类似于这样的运动，又不伤及身体，大可向我推荐。”于是，刘向便冥思苦想发明了弹棋。文

中的“家君”，就是刘歆的父亲刘向。没有想到的是，成帝十分喜欢这弹棋，对刘向大加赞赏，还赏赐了名贵的裘皮大衣和紫色的丝鞋。从此，弹棋就在宫廷里流行开了。

说弹棋是最正统的宫廷游戏一点儿不假，都是由于弹棋的器具做工相当有难度。若不是在有条件的宫廷里，仅凭市井百姓是无力购置的，所以弹棋的活动范围也就只限在宫中。那么，弹棋是如何的讲究以至于平民百姓无法触及呢?

弹棋的棋盘一般都是用石头所制成，形状是外方内圆，而最大的特点是它中间有高高的隆起，仿佛一座宝塔山。丁廙《弹棋赋》里说：“文石为局，金碧齐精，隆中夷外，致理肌平。”说用美丽花纹的石头制成局（即棋盘），再用彩色图案进行绘制，中间隆起外部平坦，光滑平整，这样的棋盘是相当的精贵了。当时还有更加精美的棋盘，都喜欢在石材的选择上下功夫，比如选用昆仑山华阳的石头，并绘制美丽的图案，雕刻精致无比；也有用玉石来做棋盘的，玉石较普通石头更为光滑剔透，弹起棋来也更加顺畅。

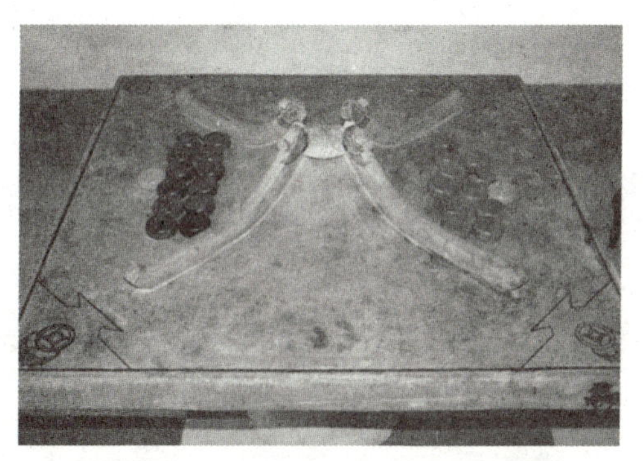

▲ 弹棋棋盘92厘米见方，分黑红双方对弈

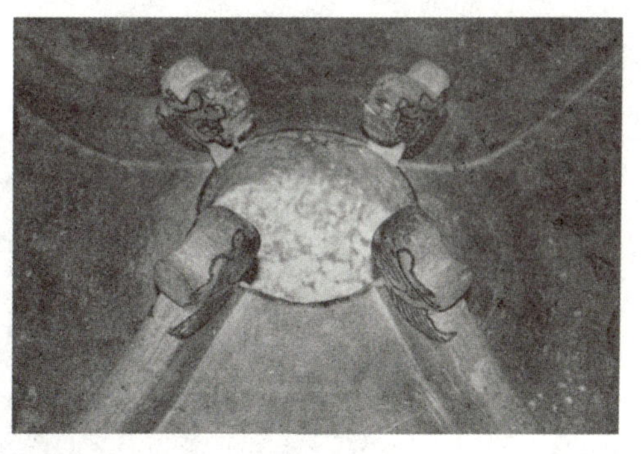

▲ 棋盘龙首壶口，任一方把棋子送入壶口为胜

为何中间有高高的隆起？这里蕴涵了古人的哲学思想。“观乎局之为状也，下方广以法地，上圆高以象天，起而能伏，危而能悬，四隅咸举，四逵无偏。”弹棋棋盘四四方方象征着地，圆顶高高隆起象征着天，此起彼伏，阴阳相协。

棋子是木头所制，也偶尔有象牙做的，更为考究。“棋则象齿，选乎南藩”，从南疆之地精选上好的象牙来制作棋子，因为象牙表面光滑细腻，所以弹起来也十分顺畅。一盘之中，共有十二枚棋子，黑白各六枚。

这十二枚棋子，有着不同的等级地位。贵贱之分，就在这棋盘之中显露出来了。唐柳宗元《弹棋序》里说：“贵者半，贱者半。贵曰上，贱曰下。下者二乃敌一。”十二枚棋子中六枚为贵子，被称为“上”，另外六枚为贱子，被称为“下”。分别用两种不同的颜色区别，或为黑白，或为黑红，分值也就有差别了，往往是下等的棋子两枚才抵得了上等的一枚。

柳宗元把弹棋的这种等级之别看作是当时汉魏门阀士族的思想反映，他说：“房子一书之而轻重若是，适近其手而先焉，非能择其善而朱，否而墨之也。然而上焉而上，下焉而下，贵焉而贵，贱焉而贱，其易彼而敬此，遂以远焉。然则若世之所以贵贱人者，有异房之贵贱兹棋

▲四枚唐代弹棋棋子

者欤！”这里棋子分别以朱红色和黑色作为贵贱之别。玩棋的人都应先以贱子去击触对方的子，不得已才用贵子。可曾想到，若是连小小一枚棋子都要较量出个贵贱等级，该是何等的悲哀啊！

三国时期魏国皇帝曹丕很喜欢玩弹棋，他在《典论》里就专门提到当时流行的这种棋艺：“余于他戏弄之事少所喜，唯弹棋略尽其巧，少为之赋。昔京师先工有马合乡侯、东方安世、张公子，常恨不得与彼数子者对。”当时已有一些弹棋玩得比较有名的玩家，曹丕就列数了三位知名人士，并且因自己不能与他们玩一局弹棋而感到遗憾。弹棋是一种奇巧的游戏，更受到士族文人的喜爱。诸如唐代的许多文人，杜甫、王维、白居易、柳宗元、韦应物、王建、李商隐、张廷珪，不仅热衷于玩弹棋，还写过有关弹棋的诗文：

中央转斗破欲阑，零落势背谁能弹。
此中举一得六七，旋风忽散霹雳疾。

——韦应物《弹棋歌》节选

席谦不见近弹棋，毕曜仍传旧小诗。
玉局他年无限笑，白杨今日几人悲。

——杜甫《存殁绝句》

炎炎夏日满天时，桐叶交加覆玉墀。
向晚移镫上银簟，丛丛绿鬓坐弹棋。

——王涯《宫词》

本是丁香树，春条结始生。
玉作弹棋局，中心亦不平。

——李商隐《柳枝五首》其一

弹棋的玩法，按照晋人徐广《弹棋经》的记载，是“二人对局，黑白各六枚，先列棋相当，下呼上击之”。蹴鞠是用脚踢，弹棋却是以指“击”。用手指的力量弹动棋子，使棋子往预想的方向去触及对方的棋子，也有用手巾、头巾来拂棋的，好似绝技表演。但因为棋子有贵贱高下之分，所以用什么棋去击对方什么棋就显得很重要了，这就是弹棋的技巧。

弹棋布局，需要用一些力气，但更需要智慧与技巧。

战术，就显得非常重要了。每人轮番弹棋一次，怎样用最少的棋子去击倒对方的全部棋子，这可是大有讲究的。第一颗棋子弹出去，若是没有击中对方，那便是落了下风，很容易被对手一轮轮地反攻。技巧高超的人，一颗棋子弹出去，甚至可以连续击落对方六子。有人先从中央突破。“中央转斗破欲阑”，先把最容易拿下的中央击破，这也是最常规的战术；有人擅长从四周包围，还有人选择无章法地远射，冷不丁地攻击对方的弱点。也有时候，所谓的战术是派不上用场的，弹棋者的手法、妙算、信心、技巧千变万化，凭的还是不慌不乱之心。

唐人张廷珪的《弹棋赋》把弹棋的过程写得紧张激烈：

> 徒观其弹射万变，精妙入神，口与心计，行随意新。作气者直抟乎九天之上，犹檀栾而旁击；受敌者横坠乎九地之下，甘弃置而归仁。行必假道，居必择邻。冲危以陷其两虎，陪险更生乎一秦。至若狂生侠少，使气为主，顾怀将吝。……夫局势将毕，观者逾乐，两敌相持，三顾而作。划去者箭飞，分索者星落。眄四隅之豁然，若万里之清廓。

弈棋者与观棋者，又惊又险。行棋时一定要借助路线，也要选择合适的邻棋。轻狂少年热衷冒险，往往急于求成，一鼓作气弹出棋子；稳健的人却神情淡定，不紧不慢地在心中思忖战术，从容以对。在局势将要结束之时，观棋者是愁容消散，行棋者也因四边的棋子被击落而豁然开朗。一局棋，看的也是下棋者的风度。

所以，弹棋也是雅戏，较量双方的雅量。弹棋与樗蒲不同，“淡薄自如，固趋名近利之人，多不尚焉”。那些急功近利之人，是不适合玩弹棋的。弹棋正是有了这样的应棋态度，不失为磨炼人心的好办法。

到了宋代，也许是由于围棋、象棋的特别兴盛，流行了几百年的弹棋突然销声匿迹了。北宋沈括《梦溪笔谈》里感叹：“弹棋，今人罕为之。有谱一卷，盖唐人所为。”如今，弹棋失传，而风靡欧洲的台球与弹棋却有几分相似，大约也有渊源吧。

▲ 清·丁观鹏《烂柯仙迹》

昨夜星辰昨夜风，
画楼西畔桂堂东。
身无彩凤双飞翼，
心有灵犀一点通。
隔座送钩春酒暖，
分曹射覆蜡灯红。
嗟余听鼓应官去，
走马兰台类转蓬。
——唐·李商隐《无题》

## 藏钩

守岁，守住即将过去一年里的最后时光，全家团团围坐，回首着时光，祝福着未来。除夕之夜的守岁习俗，至今都是炎黄子孙共享天伦之乐的最美画面。“儿童强不睡，相守夜欢哗”，岁前那一夜，最欢腾的始终是孩子，燃起一盏油灯，仿佛这一年之中所有的不悦都将被光明所驱走。守岁，就是这样带给人们温暖的记忆。

“一夜连双岁，五更分二年”，通宵守岁，儿童最离不开游戏。古代民间守岁时，很是流行一种游戏——藏钩。南朝梁宗懔《荆楚岁时记》里有记载，从农历十二月八日“腊日”开始，民间就纷纷操办起一系列围绕春节的活动：人们或击鼓来驱除病疫，或制作胡公头帽子来戴，或沐浴以净化心灵，另有在那天用猪和酒来祭祀灶神的。而诸类活动中唯有岁前的“藏钩”最惹孩子们喜爱。

“岁前，又为藏彄之戏。始于钩弋夫人。”《荆楚岁时记》里有注，“彄”是指环类物品。“藏彄”，《初学记》卷四引作“藏钩”。又《太平御览》卷七五四《工艺部·藏钩》：“藏钩古作彄。”这“彄”就是古代女子手指上所戴的金环、玉环一类的物品，藏钩与藏彄实则为同一个意思。这守岁之时，古人

所玩的游戏藏钩，就是将指环一类物品藏在手心，让对方猜物的游戏。

谈及藏钩之戏，就不能不提到钩弋夫人。她是汉武帝刘彻的宠妃，汉昭帝刘弗陵的生母。武帝有两位宠妃：一位是病逝后武帝依然夜有所梦而专门请方士为其招魂的李夫人；另一位则是这位钩弋夫人。《汉武故事》里曾这样记载：汉武帝五年一巡狩，就在这难得的巡狩时偶见一道清气连接着天。会觇候之术的望气者见后就说，这是一个吉兆，清气之下必有贵子。于是，汉武帝派人去寻找这位贵子。终于在一空室中发现了这样一位奇女子，她姿容出众，却两手握拳，任是谁来都没法使之舒展。汉武帝把她召唤过来，伸出双手将女子的手轻轻一掰，少女的手展开了，在手掌中有一只小玉钩，这令武帝十分惊喜，便召她进宫，称其为拳夫人，又称钩弋夫人，后被封为婕妤。

钩弋夫人与汉武帝的天定姻缘，仿佛也成为后人玩起藏钩游戏时所幻想的美好象征：能够有一份命中注定的金玉良缘。东汉辛氏的《三秦记》里就认为：“汉昭帝母钩弋夫人，手拳有国色，世人藏钩起于此。”后人每每玩起藏钩游戏，也许是缘于这动人的故事和故事背后一种冥冥之中的幸运之意呢。

▲ 钩弋夫人

那么，“藏钩”究竟是怎样一种游戏呢？

西晋周处所编的《风土记》是较《荆楚岁时记》还早很多年的地方性岁时节令的著作，其中有描述藏钩的玩法。尽管《风土记》原书已散佚，但是从这部分文字中，依然可以大致清楚藏钩的玩法。藏钩始为祭祀之用，在腊祭之后也就是除夕之夜，“土人熏肉经春美，宫女藏钩旧戏存”，北宋梅尧臣的《和腊前》诗中也写到藏钩是守岁时进行的游戏，别有一番团圆和美的氛围。所有的参与者分为两组，如果总人数是偶数，那么均等而分；如果是奇数，那么就有一个人轮流参加两组，来保证每次队员人数的均衡，这人也因此被称为“飞鸟”。

这种不费脑力和体力的游戏不仅民间的老人小孩喜欢，而且在后宫女子之间也颇为流行。李白的《宫中行乐词》写道：“更怜花月夜，宫女笑藏钩。”唐玄宗时后宫以藏钩为乐，甚至不舍昼夜地玩这游戏，君王也参与其中。“十五红妆侍绮楼，朝承握槊夜藏钩”，说的正是女子白日里玩握槊，夜里则玩起了藏钩。可见，当时宫中女子玩藏钩是很普遍的。

藏钩之戏的道具是一枚玉钩，有时也用女子随身所佩戴的饰物来代替，戒指、发簪之类也是常有的。“故人昔遇淮南楼，金钗红烛宵藏钩”，偶遇故人来欢乐时，发饰金钗就可以作为猜物。游戏的时候，只允许有一只玉钩当作器物，藏在某一组的某一个人手中，绝不能让对方一组看到。为了使游戏更有趣，往往藏的一队要表现出各种迷惑的姿态以误导对方，能够猜中钩在谁的手中便能获胜，反之亦然。

▲ 古代藏钩

唐人段成式写有小说集《酉阳杂俎》，其前集卷六有“艺绝”一篇，就写到当时的两位藏钩高手——高映和石旻。

旧记藏弨令人生离，或言古语有征也。举人高映善意弨，成式尝于荆州藏钩，每曹五十余人，十中其九，同曹钩亦知其处，当时疑有他术。访之，映言但意举止辞色，若察囚视盗也。

山人石旻尤妙打弨，与张又新兄弟善，暇夜会客，因试其意弨，

注之必中。张遂置钩于巾襞中。旻曰："尽张空拳。"有顷，眼钩在张君幞头左翅中，其妙如此。旻后居扬州，成式因识之，曾祈其术，石谓成式曰："可先画人首数十，遣胡越异辨则相授。"疑其见欺，竟不及画。

段成式曾经居住在荆州的时候，就与举人高映切磋过藏钩之戏。当时每组有五十多人，两组加起来有一百多人，高映竟能够猜中九成。即便是同伴的钩藏放在谁的手里，他也都能通过判断准确地猜中。当时，段成式就怀疑这人是否会有别的法术，便向他讨教起来。而高映只说是通过举止神情来判断，就像审视囚犯、盗贼一般，因为心理因素往往会表现在游戏者的表情举止上。

又有隐士石旻，也极为擅长藏钩游戏。闲暇之时常与朋友张又新兄弟玩藏钩，几乎没有猜不中的。有次张又新就把玉钩神不知鬼不觉地藏于头巾的左边褶皱里，却没料到石旻竟能猜中说："两只手都是空的，如果我没有猜错的话，玉钩根本不在你的手中，而在你帽子的褶皱里。"果真是妙不可言的高手呢！后来，石旻移居扬州，段成式也到了那里，因此才相识。段成式也曾向石旻讨教藏钩的技巧，没有想到，石旻却告诉他，先画出几十个人的肖像，当你能准确地辨认出北方的胡人和南方的越人，那么我再来教你。其实，现在想来，石旻要求段成式辨认人像，为的就是考验细微观察的能力，毕竟天生有过人本领的人凤毛麟角。藏钩过程中，察言观色的能力、故作姿态的掩饰都让这游戏蒙上了一层神秘的面纱。"钩运掌而潜流，手乘虚而密放。示微迹而可嫌，露疑似之情状。"东晋文人庾阐写有一篇《藏钩赋》，将游戏的玩法、参与者之间的眼神和动作等描写得极为生动。

《荆楚岁时记》云："俗云此戏令人生离，有禁忌之家则废而不修也。"尽管藏钩之戏被认为含有令人生离之意，但仍然不妨碍它被更多的人所接受。藏钩绝非无中生有地猜，藏钩的妙处往往还在于锻炼人们眼、手、大脑的协调能力和思维判断力。

到了唐宋以后，藏钩游戏就更加广为流传了，不再局限于腊日之后的节俗，而是平日里的酒宴之间也会玩起藏钩。酒宴中的藏钩之戏就大多与酒令融为一体了。"身无彩凤双飞翼，心有灵犀一点通。隔座送钩春酒暖，分曹射覆蜡灯红。"李商隐写的就是酒宴中的藏钩游戏。所藏之钩也未必须是玉钩，诸如纸片、钱币也都可以。《采兰杂志》说，古人每月十九为下九，每逢九数，就要为妇女备好酒，因为她们要玩藏钩之戏直到深夜的，有时甚至是通宵达旦。物品藏于一方的手中，让对方来猜，若是被对方猜中，猜对者是要罚输者喝酒的。花蕊夫人《宫词》云："管弦声急满龙池，宫女藏钩夜宴时。好是圣人亲捉得，便将浓墨扫双眉。"在急促的音乐声中，皇帝与宫女们一起玩藏钩游戏，被猜中的藏钩宫女则被皇帝用浓墨涂抹双眉作为惩罚。这藏钩虽是消遣娱乐，也是日常生活中的小情趣。

酒令之余不免引来赌博之瘾，与叶子戏一样，藏钩有时也被当作一种博戏。"欲得藏钩语少多，嫔妃宫女任相和。每朋一百人为定，遣赌三千匹彩罗。"玩藏钩的人数之多，赌注之大，实为罕见！

藏钩之戏后来慢慢衍化出了猜枚、射覆、探钩等游戏。

猜枚有时也似猜拳，是饮酒时一种助兴取乐的游戏。《醉写赤壁赋》楔子云："今无甚事，且回后堂中和夫人猜枚吃酒去也。"又《红楼梦》第二十三回："低吟悄唱，拆字猜枚，无所不至，倒也十分快意。"像是如今的划拳，饮酒时互为吆喝并配上手势，这便是口头的猜枚；也有随手抓一把瓜子、莲子或黑白棋子来做器物，让对方猜单双、猜数目、猜颜色，猜中则胜，不中

者则罚饮几杯。规则并不死板，而是更为随性有趣了。

射覆更像是一种神秘的占卜之术。“射”是猜度之意，“覆”是覆盖之意。覆者用瓯盂、盒子等器覆盖某一物件，射者通过占筮等途径，猜测里面是什么东西。射覆所藏之物大都是一些生活用品，或手巾或扇子或笔墨，让人猜测是何物。倘若能轻而易举地猜中，恐怕也真是有几分玄妙了呢。

宫廷里玩射覆，先要念一段“射覆词”，如同现在的谜语，略加描述出此物的特征。汉武帝就很喜欢射覆游戏，曾召集了众臣来猜射。唯有东方朔此人仿佛能未卜先知，把藏于盆下的壁虎一次猜中。当时东方朔见无人能猜，便站起来起了一卦，对皇帝说：“臣以为龙又无角，谓之为蛇又有足，跂跂脉脉善缘壁，是非守宫即蜥蜴。”东方朔猜出此物是蜥蜴，汉武帝命人揭开一看，果然被其猜中，于是赏赐帛十匹。接着又猜其他事物，朔都能连中。东汉哲学家王充就曾评价东方朔说：“朔盛称其年长，人见其面状少，性又恬淡，不好仕宦，善达占卜射覆，为怪奇之戏，世人则谓之得道之人矣。”

射覆与藏钩一样，发展到唐宋以后也多被引入了雅俗共赏的酒令之中，增添宴饮的乐趣。有如“猜花令”，参与者根据宴席人数分为两组，一组为藏，一组则为猜。备好十个酒杯，藏组将一朵花事先藏于十个酒杯中的任意一处，然后由对方来一一轮猜。若是揭开的为空杯，则将此空酒杯斟满酒，令其一饮而尽，再继续猜剩下的九个。这便是宴饮酒令中的射覆游戏，与藏钩并没有太大的区别。

探钩也是由藏钩衍化而来，不过探钩的“钩”已由戒指圆环改为预先写好放在器皿中的纸阄。“探钩”就是“抓阄”，置韵字于器中，抓得某字，即以此韵作诗，亦云拈韵，与依前作之韵唱和不同。

到了明清之际，藏钩之戏也是主妇们所喜爱的游戏。明代徐贲《北郭诗》中《三妇词》曰：“大妇能刺绣，中妇解藏钩，小妇知音乐，纤手弹箜篌。上客且安坐，风光无日休。”三位女子各有喜乐，妙手仁心来刺绣，玉指纤纤弹箜篌，唯有中妇不闲也不腻，思维笃定地解趣藏钩。宛如一幅阒静的图画，闺中之趣，都在这浪漫与闲暇中挽留着青春，寄托着某年某月的某段思恋。

▲ 明·仇英《四季仕女图》局部

藏钩的变幻莫测，正如尘世之间的反复无常，难以揣摩。人生不亦如此么，解罢一钩又生一钩，谁又能猜中漫漫一生里下一刻的未知呢？这不禁让人联想起英国浪漫主义诗人威廉·布莱克的那句诗：“把无限握在你手掌，永恒在一瞬间收藏。”藏起这一枚无限之钩，把谜底留在风中。

麻将风比龙卷风，
推倒东南西北中。
鏖战方城王者战，
摆擂夺魁花想容。
——欧阳若修《麻将风》

# 麻将

旧时代的中国有三害：鸦片、八股和小脚。其实，胡适的眼里还有“一害”，那便是麻将，而且日欣月盛，没有一点衰歇的样子。那时，打麻将不分男女与贵贱，也不分场合与时间，一桌子不分昼夜的“噼噼啪啪”，耗费了精力，也荒废了光阴，甚至是麻痹了精神。然而到了新时期，狂热的份额被其他娱乐形式割占了一些，人们也愿意用更加理性的方式去看待这麻将，渐渐地，麻将还真成了不折不扣的时髦的“国戏”。

怎么麻将就成了“国戏”了呢？但要细细一回味，确实也有几分道理。麻将跨年龄、跨性别的全民性，麻将跨时段、跨地域的全时性，仅是这两点就早已把其他高雅的娱乐远远地甩在了后面。难怪胡适曾戏称，英国的国戏是板球，美国的国戏是棒球，日本的国戏是相扑，而中国的国戏，无论如何也非麻将莫属。

麻将，本就是一种牌，又称麻雀牌。之所以称为“麻雀”，要追溯到明朝万历年间的马吊牌。“马吊”是一种用于赌博的纸牌。明代小说《金瓶梅》里就有这么一回，写的是潘金莲与王潮儿斗马吊牌，清代小说《镜花缘》描写打马吊的场景就更多了。可以说马吊在明代即便称不上风靡，至少也是并不

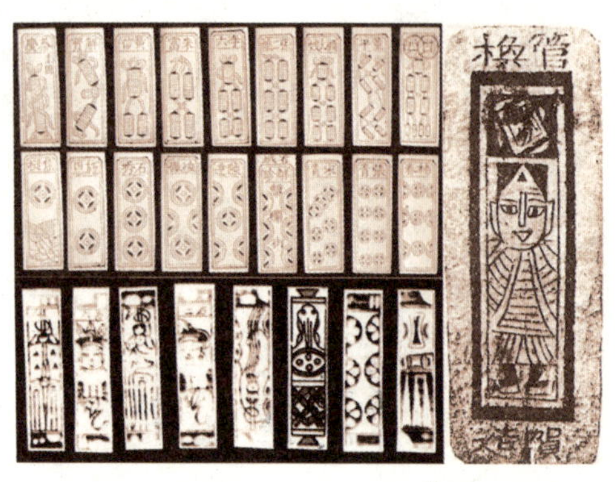

马吊牌

稀奇的博戏。清末文人徐珂在他的《清稗类钞》里提到了马吊：“麻雀，马吊之音转也。吴人呼禽类如刁，去声读，不知何义，则麻雀之为马吊，已确而有征矣。”徐珂是浙江杭州人，他对吴地方言自然是相当熟悉的，吴地的人所读出的“马吊”，读音就像“麻雀”。

马吊牌最初在浙江宁波开始流行，之后喜欢玩的人越来越多，影响就越来越大，遍及全国各地。“麻雀亦叶子之一，以之为博，曰叉麻雀。凡一百三十六，曰筒，曰索，曰万，曰东南西北，曰龙凤白，亦作中发白。”这是马吊牌系统的组成。一副马吊牌总共四十张，分为十万贯、万贯、索子、文钱四种花色。其中万贯、索子和文钱三色是从一至九各一张，文钱再多半文（又叫枝花）、没文（又叫空汤）各一张；十万贯花色共十一张，每一张牌都绘有身份不同的水浒人物，如：宋江是“万万贯”，武松是“千万贯”，扈三娘就是最小的“二十万贯”。

麻将牌

不如麻将牌那么小巧精致，马吊牌更像细长的扑克，一寸宽，三寸长，厚厚的硬纸片涂上一层厚厚的蜡，装裱起来也别有一番意趣。牌面上印有细碎玲珑的花纹，玩起来的手感也更似打扑克。

虽然说麻将与马吊有着继承的关系，但游戏的规则却不尽相似。现在流行的麻

将分为三种花色，即“筒”（又叫饼）、“条”（又叫索）和“万”，每种从一至九各四张，另加上“红中”“发财”“白板”以及“东、南、西、北”各四张；有的地方还有“春、夏、秋、冬”或者“梅、兰、竹、菊”这几样，总共一百四十四张。从形制上看，“文钱”就是“筒”的前身，“索子”就是“条子”的前身，“万字”与麻将的“万”几乎没有差别，只是多了“十万贯”这一门。

麻将花色为什么是筒、条、万？据有关资料记载，麻将也许是源于江苏太仓的护粮牌。那里曾有皇家的大粮仓，常年囤积稻谷，以供“南粮北调”。粮多自然雀患频生，每年因雀患而损失了不少粮食。管理粮仓的官吏为了奖励捕雀护粮者，便以竹制的筹牌记录捕雀数目，凭此发放酬金。用来记录粮仓捕雀者奖励的护粮牌，分为筒、索、万三种。筒的图案源于火药枪的横截面，几筒则表示几支火药枪；索是指用细绳串起来的雀鸟，表示消灭了多少雀患，因此一索的图案以鸟代表，几索就是几束鸟，奖金就按鸟的多少计算；万是赏钱的单位，几万就是最终领到赏钱的数目。这种牌渐渐具有娱乐作用，发展为如今的麻将。此外“东、南、西、北”为风向，故称“风”，火药枪射鸟应考虑风向。“中、白、发”：“中”即射中之意，故为红色；“白”即白板，放空炮；“发”即发放赏金，领赏发财。麻将玩法的术语也与捕雀护粮有关。如“碰”即“彭”的枪声。又如成牌叫“和”，“和”“鹘”谐音，“鹘”是一种捕雀的鹰。除此还有“吃”“杠”等术语也与捕鸟有关。

▲ 麻将牌牌面

不过现在一般都认为麻将与

马吊更有渊源。

打马吊，四人一桌刚刚好。每人先取八张牌，剩下的八张摆在桌子中央。四人轮流出牌、取牌，牌面大击牌面小，最终把庄家击败而终。这种玩法与麻将是完全不同的，与扑克颇为相似，有了这样复杂的关系，麻将与马吊似乎也达成了共识：各自为阵吧。于是，马吊在清朝以后逐渐发展变成了扑克牌，而麻将则单独成一派了。

▲ 明代博古叶子图

▲ 明代水浒叶子图

麻将源于马吊，不如更确切地说，是读音上的源头；若是从形制上去溯源，恐怕麻将与马吊都得从叶子戏说起。

唐代起，就有斗叶子之戏，只是最初唐人并不是为了游戏而发明叶子。唐人写诗作文常常需要翻查检阅，为了便于检索资料，聪明的古人拿来一张叶子状的小片子作书签，时而在上面做些笔记和绘画，之后用的多了便成了游戏。唐宋时，叶子戏还只是极为小众化的游戏，及至明代起牌类游戏开始进入大众视野。

上自一国之君，下至僮仆丫鬟，都能玩上几把叶子。明代陆容的《菽园杂志》里记载下了叶子戏最初的形制：一钱至九钱各一张，一百至九百各一张，万贯以上则都有画上具体的水浒人物，如“万万贯”是宋江，“千万贯”是武松，“百万贯”是阮小五，最小的“一万贯”是浪子燕青。这里的水浒人物与后来马吊牌里的已经略有不同了。

“叶子行觞，欢场雅事也。”这说明在当时叶子

戏除了演化为赌具，在文人雅士中，主要还是作为一种行酒吟诗的高雅用具流传。叶子戏行酒令这一作用，也是到了明代才有的。通俗小说很是时髦，对于待字闺中的小姐或是作坊小铺里的伙计来说，人手一本小画册最是得意之物。他们还会嫌弃单调的文字排版，于是著名的人物画家都被热情高涨的欢呼声召来了，他们也很愿意为文字作配图。明末清初著名画家陈洪绶偏爱叶子戏，为此他还专门画了两套叶子牌——《水浒叶子》和《博古叶子》，里面的人物形象栩栩如生，神态曼妙。后世许多手工艺人所创制的叶子牌大多也借鉴了他的风格。另有一套酒博两用的叶子牌是《酣酣斋酒牌》，牌中的四十八位人物都是嗜酒如命的才子名士，诸如孔融、嵇康、杜甫、陶潜、刘伶等，而李白则是魁首。酒牌的每一张牌面上都画有一个人物形象，附有一段文字解说，并在牌面的顶端写有此牌所代表的钱两额度，比如李白是“无量数”，嵇康是“万万贯”，阮籍则是最少的“一文钱”。一牌两用，非常有趣。

▲ 清·吴友如《作叶子戏》

宋代女词人李清照说：“长行、叶子、博塞、弹棋，世无传者。”然而她并不知道叶子戏却在北方辽国之地继续走红着。明代出现的马吊牌就是叶子戏所发展成的一大博戏，而后，麻将才算真正诞生了。

打麻将就是四个人围着一桌子的牌消磨时光。

清朝的慈禧太后就是一位不折不扣的麻将迷。徐珂《清稗类钞》里有关于她打麻将的记载：

孝钦后（慈禧）尝召集诸王福晋、格格博，打麻雀也。庆王（奕劻）两女恒入侍。每发牌，必有宫人立于身后作势，则孝钦辄有中发白诸对，侍赌者辄出以足成之。既成，必出席庆贺，输若干，亦必叩头来孝钦赏收。至累负博进，无可得偿，则跪求司道美缺，所获乃十倍于所负矣。牌以上等象牙制之，阔一寸，长二寸，雕镂精细，见者疑为鬼斧神工也。

说的是慈禧太后每次召人打麻将时，都有两个宫女站在她身后打手势作弊，为的不是让自己赢，却是故意输给太后，不仅能博慈禧一笑，每次还以十倍的赌资来“输”给太后，更是一种变相的行贿。而热衷于麻将的慈禧太后，更是命人寻来上等的象牙制成麻将，一寸宽，二寸长，精美的雕饰无与伦比，难怪所见之人都认为是鬼斧神工。

把牌正面朝下反扣过来，抡上几圈搓乱麻将，这叫“洗牌”。洗牌之后，每人均匀地在各自面前堆牌，堆成上下两叠，四人堆成正方形一样的牌墙，这叫“码牌”。接下去，庄家掷骰子，按照点数由庄家开始抓牌，每人抓三次，每次抓四张牌，庄家最后一轮跳牌抓上层两张牌，其他人各陆续拿一张。打牌前，庄家手中十四张牌，其余人则是十三张。随后，各自整理手中的牌，尽可能按照花色整理得有序。打牌开始时，庄家不拿牌而直接打出一张无用的牌，接着，便是抓牌、吃牌、碰牌、

杠等一系列行牌过程。当你手中的牌组成四套加一个单张，或者三套和一个对子加上两张相连相隔的牌，或者三套加两个对子时，你就可以“等张”了，等待一张与你相配的牌，便可“和”（获胜）了。打牌就是为了和牌，谁先把自己的牌组拢，谁就算赢。倘若最后的那张牌是靠“自摸”，双倍的赌注就唰唰进了你口袋。打麻将是闲来消遣的，也是极为费神烧脑之戏。其间，既要盯着上家是否有牌可“吃”，又得盯着下家打出的牌是否会“被吃”，还不可疏忽对家是否会冷不丁一“碰”，一圈麻将，包罗万象。

麻将是需要斗智慧、讲谋略的，不仅可以磨炼生锈的脑子，还可以四顾别人的百态性情，那知己知彼的揣度不正是麻将桌上最好的学问么？输赢之类往往都是次要的了。打麻将本就是游戏，娱乐了自己，也娱乐了他人，真不必对输赢锱铢必较。若是真这样想通了，这麻将就真是一种有趣的游戏。

▲清·吴友如《宋宫遗俗》

**图书在版编目(CIP)数据**

老祖宗说游艺 / 苏翔著. —杭州 : 浙江古籍出版社,
2016.7(2019.5 重印)

ISBN 978-7-5540-0861-4

Ⅰ. ①老… Ⅱ. ①苏… Ⅲ. ①文娱性体育活动-介绍-中国 Ⅳ. ①G89

中国版本图书馆 CIP 数据核字(2016)第 165232 号

# 老祖宗说游艺

苏翔 著

出版发行 浙江古籍出版社

(杭州市体育场路 347 号 电话:0571-85068292)

网　　址 www.zjguji.com

责任编辑 陈临士 张顺洁

特约编辑 裘禾峰

责任校对 余 宏 吴颖胤

封面设计 刘 欣

老祖宗形象设计 李 阳

责任印务 楼浩凯

照　　排 杭州兴邦电子印务有限公司

印　　刷 杭州富阳美术印刷有限公司

开　　本 710mm×1000mm 1/16

印　　张 13.75

字　　数 220 千字

版　　次 2016 年 8 月第 1 版

印　　次 2019 年 5 月第 2 次印刷

书　　号 ISBN 978-7-5540-0861-4

定　　价 26.00 元